夜を彷《さ》徨《まよ》う

貧困と暴力　沖縄の少年・少女たちのいま

琉球新報取材班

朝日新聞出版

まえがき

非行や貧困、虐待などさまざまな困難や葛藤を抱えた少年少女たちが夜を彷徨《さまよ》い、暴力にさらされている。その背景には、大人の無関心がもたらした社会のひずみが横たわっている――そのような問題意識を踏まえ、私たちは厳しい環境に置かれている少年少女に会い、対話を重ねてきた。大人の甘言に惑わされ、いわれない暴力に傷つく彼、彼女たちが発した言葉の数々は、想像を超える悲惨な現実を私たちに突き付けてきた。

私たちは、本書の元となる連載「彷徨う――少年少女のリアル」を2018年1月から8月まで琉球新報で掲載し、少年少女の声や姿を読者に伝えた。19年6月に高校生5人を含む若者ら10人が大麻取締法違反容疑で摘発された事件を取り上げた連載も本書に収録した。

第1章「SNSの闇」は会員制交流サイト（SNS）を使い、地域や世代を超え、さまざまな人々とのつながりを持つ彼らが暴力の連鎖に引きずり込まれる状況を描いた。第2章「消費される性」は風俗店で働き、経営者や客から人権を脅かされてきた少女の姿を取り上げた。第3章「壊れた家族」では親の暴力から逃れるため家を出た少年少女を、第4章「『仲間』依存」は不登校の状態となり、仲間を求めて夜の公園やアパートの一室に集う少年少女の姿を追った。第5章「母になって」は10代で妊娠し、産むことを決断した少女と保護者、支援者らを描いた。第6章「取材の現場」は連載で取り上げた少年少女のその後を追いながら、取材過程で直面した出来事と記者の思いをつづった。

連載中、読者からさまざまな反応があった。「沖縄の子どもたちが、これほど苦しんでいるなんて」という驚きの声や、「少年、少女を追い詰める大人を許してはいけない」という怒りの訴えが寄せられた。「内容がどぎつい」という批判、「子どもたちにも問題はないのか」という自己責任を問う声もあった。それらを含め、本連載が伝えた少年少女の姿は読者の心を揺さぶり、「沖縄社会はこれでよいのか」という自己検証を迫ったと思う。

取材を通じて私たちは、子どもたちを追い詰めているのは直接の加害者だけではなく、安全圏に踏みとどまり、見て見ぬふりをする大人たちも同様に子どもたちを追い詰めているのだと感じた。誰もこの問題に対し無関心、無関係を装うことは許されない。文字通り「わがこと」として現実と向き合い、解決の道を模索する責務が大人に課せられている。

今も闇の向こうで少年少女たちが彷徨っている。彼、彼女たちが発する声や嘆きに耳を傾けてほしい。本書がそのきっかけになることを私たちは願っている。

琉球新報編集局　「彷徨う」取材班　小那覇 安剛

目次

第1章　ＳＮＳの闇

第2章　消費される性

――見過ごされる大人の責任

第3章

壊れた家族

——社会とのつながり切れ…

第4章　「仲間」依存

第5章　母になって

第6章　取材の現場

本書に掲載されている肩書・年齢・その他データ等の数字は、
原則として取材当時の表記としました。
本文中に登場する少年少女は仮名です。

第1章
ＳＮＳの闇

非行や貧困、虐待などさまざまな困難や葛藤の中であえぎ、
苦しんでいる少年少女たちがいた。
彼らは会員制交流サイト（ＳＮＳ）を使い、
世代や地域を超え、さまざまな人とのつながりを築いていた。
一時的に孤独から逃れることができた彼ら。
しかし、新たな暴力の連鎖、犯罪に巻き込まれる危機とも直面していた。
スマートフォンを頼りに夜の世界を彷徨《さまよ》う少年少女に会い、対話を重ねた。

中2、買春の網に

「仕事ほしい」に業者即答

2017年の11月下旬、ユイは、長袖のニットとジーンズ姿のラフな服装で待ち合わせ場所の飲食店に現れた。肩下まで伸びた髪は少し茶色だが、派手さはない。まだ10代、時折こぼす笑顔には少女のあどけなさが残る。

記者と向き合ったユイは、言葉を選びながら、ゆっくりと話し始めた。時折、涙を浮かべ、言葉を詰まらせた。ユイは中学生で売買春の被害に遭っていた。きっかけは会員制交流サイト（SNS）だった。

「仕事を探しています」。ユイがスマートフォンからSNSにメッセージを書き込んだのは中学2年の冬のことだった。

父親は働いていた。家族が生活に困っていたわけではない。それでも仕事を探したのは、キャバクラなどの「飲み屋」でキャストとして働きたいという軽い気持ちだった。

「お金がほしかったというだけ。すごく必要というわけではなく、ただお金がほしかっただけ」とユイは話す。周囲にも「飲み屋」で働く友だちがいた。ＳＮＳで仕事を探すことへの抵抗感は薄かった。

書き込みにはすぐに返事がきた。「稼ぐ仕事があるけど、どうか」。それは成人の男から売買春を持ち掛けるメッセージだった。男とは面識はなかった。

男は個人で売買春をあっせんしていた。男の手法は、ＳＮＳなどで知り合った女性に売買春を持ち掛けて囲い込み、出会い系サイトなどで募った客をあてがう「援（援助）デリ」というものだ。

「援デリ」は店舗や事務所を持たない違法風俗業者で、女性を装ってサイトに書き込み、誘客する。業者は男性客が支払ったお金を少女らと折半する。

ユイは、その誘いに乗ってしまった。

「飲み屋より、お金が高いし。その時の気持ちじゃないから今は分からないけど、彼氏とはもう（性行為を）やっていたから、他の大人とでも大丈夫かな」

当時を振り返り、ユイは淡々と答え、しばらく黙り込んだ後、「お金がほしかった」と付け加えた。

ＳＮＳやコミュニティーサイトはユイにとって身近なツールだった。遠くへ行きたくなったらＳＮＳに書き込み、車で送迎してくれる大人を「足」として使った。ユイは、あるチャット型交流サイトの名前を挙げ「中学生で『足』を使うのは周りも当たり前って感じだった。普通に（ＳＮＳに書き込んで）『足』として使っていた」と振り返る。

さまざまな店がひしめき合う、夜の歓楽街

ユイにはＳＮＳが入り口となって大人から受けた傷があった。業者から〝仕事〟をあっせんされる少し前、いつものようにＳＮＳで大人の「足」を募ると、男２人がユイを迎えにきた。

「足」として募った20代の男らは車中でユイを襲ってきた。「大声までは出してなかったけど嫌だと言ったけど……。だけど、鍵を閉められて……」。初めて大人から性暴力を受けた瞬間だった。この体験はユイの行動に暗い影を落とした。

SNSで「知らない大人」と知り合うことに10代の抵抗感は薄い。別の取材で知り合った少女も、ユイと同じように遠くへ行きたくなったら送迎してくれる大人を募り、おなかがすいたら食事代を出してくれる大人を求めた。

沖縄本島内で中高生の非行問題の解決や居場所づくりをしている支援員の男性も「大人への怖さがないんですよ。SNSに書き込んで、大人と会って『ドライブ行ってきたよ』と平気で言っている」と語った。

SNSの中には、保護者らには見えない闇が存在する。その闇の中では「知らない大人」と会うことに恐怖心のない無防備な10代の少年少女らと、未成年を「性の対象」として消費しようと近づく大人のいびつな世界が広がっている。

「援デリ」強要　拒否すれば脅し、「殺される」

SNSが入り口となり「援デリ」という手口で大人に囲い込まれてしまったユイ。「最初の客」は40代の男だった。年齢の離れた大人が自分を求めてくる姿は異様だった。

「普通に気持ち悪くて、もう無理。やめよう」。業者の男との連絡を絶とうとしたが、言葉による脅しが始まった。

男からはメールや電話で「この日出てね」と頻繁に連絡があった。ユイは連絡を無視し続けた。突然、これまで優しかったはずの男の言葉が一変する。「沖縄がどんだけ狭いと思っているば」

やばい、捜し出されて殺される――。逃れられないと思った。脅されていた頃は恐怖しかなかった。

両親が不仲になる時期とも重なった。酒を飲んだ父親からたびたび暴力を振るわれた。殴られている間、母は止めてくれなかった。両親を信頼できず、脅されていることを打ち明けることができなかった。「援デリ」をやめたくてもやめられない苦しさや、男から脅された恐怖を抱え込んだ。

ただ、近しい友人だけには話した。

「友だち関係は変わらないけど、悲しい」「お前の体はそんなに安くないだろ」

親身になって考えてくれる友人だけが支えだった。

業者の男は、インターネット上のコミュニティーサイトで客を誘い、主に那覇市内のホテルでユイと引き合わせた。時間が近づくと、男がユイを車で送迎した。客が支払ったお金の半分は男がユイから搾取していた。

ユイが体調不良の時でも「出勤」を拒むことを許さず、男は客をあてがった。男は1人の客につき3回の性行為をユイに強要したという。

男の車には、ユイの他にも女性が乗っていることもあったが、言葉を交わしたことはなかった。

中3になった頃、男は県警に摘発され、ユイは補導された。

「やっとやめられる」

警察署に迎えに来た親に対しての申し訳なさと「男から逃れられる」というほっとした気持ちが入り交じった。

業者の男の摘発から数年が過ぎたが、時折頭に浮かんでくる「最初の客」から受けた心の傷は癒えない。「最後の客は全然覚えていないけど、最初の人は時々思い出してしまう」と語り、うつむいた。補導された後は自暴自棄になった時期もあったが、今は同世代の彼氏がユイを支えている。

現在、ユイは高校生活を送っている。「将来の夢は」と聞くと、笑顔に戻ってこう答えてくれた。

「特に夢はないけど、高校を卒業して普通にいれたらいいな」

相手、スマホだけ

「ないと生きてけん」

自ら撮影した顔写真にQRコード、学校名や趣味がスマートフォンの画面に次々と表示される。10代の少女の多くが個人情報を無料通信アプリ・LINE（ライン）のタイムラインで公開し、新たな「友だち」を獲得している。一度も会ったことのない子でも、LINEでやりとりをしていれば友だち。抵抗感はない。沖縄本島に暮らす中学生の紗良《さら》もそんな10代の1人だ。

紗良が初めてスマホを手にしたのは小学4年生の頃だ。祖母がガラケーからスマホに買い換えると知ると泣いてねだり、根負けした祖母に買ってもらった。

その頃の利用時間は長くても2時間ほど。母とその再婚相手の男性と暮らしており、スマホを長時間いじることは許されていなかった。「しつけ」と称して子どもを管理する男性がいる間は、早寝早起きも習慣づいていた。

生活リズムが崩れたのは、その「父親」がいなくなってからだった。男性は紗良の見ている前で母にひどい暴力を振るった。「怖くて泣いて、おばーに『助けて』って電話したこともあった」と紗良。暴力に耐えかねた母が離婚を決め、親子で逃げるようにして家を飛び出した。

別れた後、紗良の実父や継父から養育費をもらえていなかった母親は、1人で子どもを育てるためにキャバクラで働き始めた。夜、母が出勤すると、家に残るのは幼いきょうだいだけ。紗良の〝相手〟をしてくれるのは、スマホだけだった。

5年生になると、LINEにはまり、新しい友だちができた。学校で遊ぶ相手のいない紗良にとって、LINEで友だちができたのはうれしいことだった。

「スマホやって遅くまで起きすぎて、朝起きられんくなった。勉強も分からんくなったし……」

勉強についていけない紗良にとって、授業は苦痛でしかなかった。次第に学校に通うのがおっくうになり、6年生で完全に不登校になった。

母がいま付き合う恋人も家に来ると、事あるごとに母に暴力を振るう。恋人は母を殴る時、子どもたちの目に触れさせないように隣の寝室に連れて行く。紗良たちきょうだいは、ふすま越しに母が殴られる音を聞いて過ごす。暴力におびえる暮らしはまだ終わらない。

3日前の夜、いつもの調子で殴られた母は翌朝見ると、目の周りに大きな青あざをつくっていた。母はその夜、あざを化粧で隠して店に出勤した。

紗良は笑いながら「おかーは化粧が上手でさ、あざがきれいに隠れてた」と話した後、しばらく黙りつぶやいた。「おかーが殴られる音が聞こえると、妹が泣くわけ。だから紗良もなんでか涙が出るんだよ」

紗良は中学に上がると、昼夜問わず外をふらつくようになった。遊ぶ相手はLINEでつながった友だち。遊ぶ間もスマホを通して、遠方の友だちとやりとりをする。

スマホは紗良が誰かとつながるためのツールであり、〝命〟でもある。ひとときも手放せない。「スマホないと生きてけん」。紗良は笑った。

寝場所、ＬＩＮＥで探す

「家にいるよりまし」

自分のプロフィルをＬＩＮＥのタイムラインで公開し、友だちを探す中学生の紗良。ＬＩＮＥですでに「友だち」になっている人間に、別の友だちへと〝宣伝〟してもらうことで、新たな友だちを獲得している。紗良のスマホでも、「せんで・ん」「宣伝」と書き込まれた同世代の個人情報を簡単に見ることができた。

別の街に暮らす同級生の少女・つばさとも、友だちの宣伝でつながった。初めて会ったのはつながってから数カ月後。祭りの会場で待ち合わせをした。

「最初から気が合ったわけさ。一緒にいると楽しい。つばさは一番大事などぅし(友だち)だよ」と紗良は話す。不登校の2人は今、共に行動している。

気になることもある。少し離れた場所でスマホをいじるつばさに聞こえないよう小声で明かす。「あいつ、危ないことがよく分かってないからさ、心配して『やめれ』って言っても話通じんから、でーじ(とっても)腹立つわけ」

別の街に住む友だちに会いに行く時、2人はLINEを使って、車で行きたい場所に送り届ける「足」を探す。通話の相手はLINEでつながった大学生ら年上の男性が多い。家出を繰り返すつばさは、LINEで寝場所を探すこともある。頼みを聞く男の多くが、何の見返りも求めないとつばさは話す。

紗良は1人で「足」を使うのは怖いと感じている。つばさは紗良の心配など気にも留めない様子だ。この日も寝場所を確保するため、男性に電話をかけ始めた。

席を立って男性と通話するつばさを見ながら「ほんとはさ、あいつ、男たちから少し危ない目に遭ってるよ。大丈夫ってしか言わんけど」と話し、紗良は泣きそうな顔になる。

つばさは家族から激しい暴力を受けている。「かばってくれる人が家の中にいない。自分は独りぼっちだ」。小学校の早い段階から諦めを積み重ねてきたつばさの実感だ。

「髪の毛引っ張られて引きずり回されたり、蹴られたりしてる。つばさの体、おーるー(あざ)だらけだよ、な?」。紗良に同意を求めるように、家族から受けた暴力のことを、つばさはぼそりと言った。

「意味分からんことであびられたり(文句を言われたり)、くるされたり(殴られたり）……。あの家に戻るくらいなら、どんなやっても別に寝られる所探すよ」

紗良はそう話すつばさを放っておけない。1人で男の車に乗るのも、泊まるのも危ないよ――。紗良は何度も告げるが、つばさの心には届かない。

離れた街の友だちが公園で酒盛りをしていると聞けば、つばさは「足」を使って1人で会いに行く。家に泊めてくれる男の先輩がいるからだ。そこで、濃いめの泡盛を無理に飲まされ、酔いつぶれたこともある。

「酒の割り方おかしくて、てーげーしかむよ（けっこうびびるよ）」と酒場でのことを笑って話すつばさの横で、「つぶされたって……。お前、なんで今まで言わなかった」と紗良の顔がゆがむ。それでもつばさは「やー（お前）はつばさの彼氏か？ 大丈夫だってばよ」と紗良をちゃかすように笑う。

学校にも随分行っていない。居場所をなくしたつばさには、スマホでつながった友だちとの交流がすべてだ。今を生きるのに必死で、あしたのことなど考えられない。

「友人関係」を更新

先輩とのつながりに疲れ

限られた地域にある「しーじゃ（先輩）・うっとぅ（後輩）」の人間関係は、SNSの世界の中にも存在する。LINEでつながった友だちでも先輩は先輩。中学生の紗良もLINEの中にある「しーじゃ・うっとぅ」の中で、時には神経をすり減らしながら生きている。

「（LINEで）トークしたら、こっちから終わらせることはできない」と不安を口にする紗良。離れた街に住む先輩から「今からこっち来れん（来られない）?」などと誘われると、相手の機嫌を損ねないように断るのには骨が折れる。

「前、トークしてて、眠くなったから『失礼します』って送って終わらそうと思ったら『失礼させません（まがお）』って返ってきて、やばいって思った。礼儀がなってないってくるされた（殴られた）子もいたから、気を付けんと」

地元にはいない、派手な容姿の先輩とLINEでつながったことを喜ぶ。それでも紗良はスマホの中の上下関係におびえている。本人に自覚はないようだが、液晶画面を見つめながら一喜一憂する紗良は窮屈そうにも見える。

先輩たちと直接会う時、紗良は相手によって瞬時に言葉を使い分ける。1人が「敬語使わんで。名前も呼び捨てでいい」と言えば、それに従う。ただ、別の先輩が「敬語は下ろさんよ(使ってよ)」「礼儀は絶対だよ」と話すと、その相手にだけは言葉遣いを崩さない。

「敬語使わんでいいって言われても、じりー(同級生)みたいにしゃべると、後でくるされそうで、ほんとは怖い。でも、使うなって言われたら聞かないといけない。しーじゃが言うことは絶対なんで」

仲のいい同級生はつばさだけ。以前、先輩への礼儀を欠いた同級生が何度も殴られ、入院するほどの大けがを負った。

「警察とか学校にばれたのかとか、何も分からないし、聞いてない。とにかく、これ以上その子の話はしたくない」

紗良はそう言い、押し黙った。先輩の機嫌を損ねず交流を続けることが、よりよい日常を送る術《すべ》だと紗良は知っている。

でも、こうした関係に疲れてくると、紗良はＬＩＮＥアカウントを削除してしまう。そして新たなアカウントを作り直した後で、必要な人だけに「友だち」を申請し、つながりを作り直す。面倒な先輩だけをブロックすると関係に支障が出るからだ。自分たちなりのトラブル回避策ではあるが、紗良は、削除する理由を「なんとなく。気分だよ」としか説明しない。

紗良だけではない。10代の、特に女の子たちは頻繁にＬＩＮＥアカウントを削除して作り直している。これが、ＳＮＳの中で生きる子たちなりの「友人関係の更新」だ。

アプリで相互〝監視〟

位置情報は「信頼の証」

「優斗先輩、今どこにいるかなー」。そうつぶやくと、沖縄本島中部に住むあいか(13)はスマホのアプリを開いた。液晶画面に本島の地図が表示され、その上に「友だち」の顔写真が幾重にも重なる。その数およそ50人。「あ、いた。早いなー。もう来てる」。会う約束をしている男の子の居所を確認し、満足したあいかはアプリを閉じた。

開いたのは、家族や友だちの位置情報をリアルタイムにつかめるソーシャルマップアプリ。別名「ストーカーアプリ」だ。

スマホに電話番号を登録している人が、同じアプリを持ってさえいれば、その人が今どの建物にいるのかまで追跡できる。チャットのようにやりとりができる上、顔写真をタップするだけで、本人のスマホの充電状況も手に入る。

「その日、何人が自分の位置を確認したかも分かる。今日は32人って。まあ、いつでも見られてるっていうのは、怖いっちゃー怖いけどね」とあいかは話す。

あいかと同じ学校に通う同級生のカナ(13)は「私はそうでもない。友だちがどこにいるか分かれば、すぐに遊びに行けるさ。便利。それ以外になし」と屈託なく笑う。それを聞いたあいかは、自分の意見を即座に打ち消した。「それな！　便利が一番。怖い、とかないよな」

SNSの中で監視される居心地の悪さを感じてはいる。だが、友だちに異論は唱えないと決めているのか、あいかはその後黙り込み、スマホの操作に熱中した。

あいかに実父の記憶はない。幼い頃に両親は離婚した。暴力的な父親から子どもを守るのに苦労した、と母はよく話して聞かせたという。だが、家族の間では今も暴力沙汰が起こる。あいかにとって家は安らげる場所ではない。

「ストーカーアプリ」をインストールしたのは1年近く前。既に友人の多くが入手しており、仲間に加わることが「当然」だった。それをあいかは「なんか、自然に入れた」と表現した。

位置を知られて都合の悪い時は、「ゴースト」と呼ばれる機能を使えば、地図上から一定時間「消える」こともできる。位置が正確には分からない「あいまい」、リアルタイムの位置を更新しない「フリーズ」。これらを上手に使えば、SNSと現実の世界とを切り離すことが可能だ。だが、あいかは「自分はほとんど消えない。どこで遊んでいようが、見られて困ることないし」と強がる。

位置情報を完全にオフにすると、友人に知られたくないというサインになり、仲間の信頼を裏切ることにもなる。一度、監視の世界に飛び込んだ子どもたちは、簡単には抜け出せない。自由にSNSの空間を行き来しているようでいて、実際には互いにがんじがらめになり、その中で必死にもがいている。

SNSによって時にがんじがらめになっている少年少女

◇「裏アカ」の使用　女子高生約7割

児童売買春など児童が被害を受ける性犯罪の引き金となるのが、会員制交流サイト（ＳＮＳ）や出会い系などのソーシャルメディア。「（売買春など）被害は一部の子どもたちの問題だ」との心ない声もあるが、10代のスマートフォンの利用率の上昇に伴い、ソーシャルメディアを活用する割合も上がっている。

総務省の２０１７年版「情報通信白書」によると、10代のスマホ利用者がＬＩＮＥやＦａｃｅｂｏｏｋ（フェイスブック）、Ｔｗｉｔｔｅｒ（ツイッター）など代表的な６つのＳＮＳのサービスのいずれかを利用する割合は、12年の54・７％から16年に81・４％と増加している。

情報セキュリティー会社「デジタルアーツ」（東京）が19年に、携帯電話やスマートフォンを所有する10～18歳の男女と同年代の子を持つ保護者を対象にした調査では、ＳＮＳ上に友だちや家族に存在を教えない「裏アカウント」を持っている子どもが全体の39・9％を占め、女子高校生に限ると69・9％に上った。

ネット上の友だちと実際に会ったり、会ってみたいと考えたりする割合は全体の48・7％で、このうち女子高生は64・8％だった。

こうしたデータからも、SNSでのつながりを重視する子どもは多く、SNSなどをきっかけとした性犯罪被害が決して一部の問題ではないことが分かる。

SNSを使った支援活動を続ける男性は「問題があるとたたかれる子たちは、単に問題を隠すのが下手なだけ。表面上お利口に見える子たちも、実は問題を表に出さないよう振る舞っていることが多い。親に隠れて援助交際をしたり、たばこを吸ったりしている。大人たちはお利口な子たちの本当の声を拾えているのか」と問い掛ける。

その上で、大人が考えている以上に子どもたちは情報を使いこなす能力が高いとして「長時間スマホをいじることを単に叱って規制するより、子どもたちから使い方や情報の集め方を学ぶ勇気を大人が持つことが必要だ。子どもの世界に入っていく努力を大人がしなければ、(子どもたちの)本当の姿は見えない」と指摘した。

◇SNS介し性被害　居場所、相談窓口足りず

虐待や貧困の中で育った子どもは、家や学校にいられなくなると、街に居場所を求めるようになる。

友人宅で寝泊まりするケースが目立つが、女の子の場合は、眠る場所を確保するために、ＳＮＳや出会い系などのソーシャルメディアを使うことで、性犯罪被害などの危険に巻き込まれることもある。

沖縄県内で２０１７年、ＳＮＳ等で買春などの犯罪被害に遭った18歳未満の児童数は49人（前年比14人増）。県警少年課がまとめた年齢別の内訳を見ると、中学生の被害が23人（同８人増）と最も多く、被害の低年齢化が顕著だ。

その一方で、公的機関の開所は午前から夕方までで、子どもたちが犯罪被害に遭いやすい夜の時間帯に駆け込める相談窓口は不足している。虐待などの危険を感じて家に帰れないでいる子を一時的に宿泊させるような施設も足りていない現

状がある。
専門職の男性は「被害に遭いやすい夜の時間帯の宿泊先や夜の居場所が必要だ。例えば、内閣府の沖縄子どもの貧困緊急対策事業を活用して支援員を配置し、公民館で宿泊させるなど今ある資源の中で子どもを支える取り組みができればいい」と提案した。

事件の増加に伴い、SNS規制の議論も出ている。「モバイルプリンス」の名でスマートフォンアドバイザーとして活動している島袋コウさんは「子どもたちは学校や家で居場所がないために、SNSでつながった大人との関係を重視している」と語り、規制のみの議論には限界があると指摘する。「危険を教えてあげる大人が周囲にいない場合、特効薬と呼べるものはないが、どの子も犯罪被害に遭う可能性があると社会で認識し、共に考え抜くことが大事になる」と話した。

「クサ、買わない？」

同級生が購入迫る

「みんな普通にやってましたよ。『売り（密売）やらない？』という誘いも受けたことがあります」。2019年5月、那覇市内のコンビニエンスストアの駐車場で私たちの取材に応じたユキト（19）は事もなげに打ち明けた。

3人きょうだいの長男。幼少期に両親が離婚した。母親と再婚した義父は、ささいなことで激高し、たびたび暴力を振るった。市内の中学に進むと、義父への反発から深夜徘徊《はいかい》を繰り返すようになった。

空き巣、ひったくり——。中学の同級生や地元の悪友と非行を繰り返した。3年生になったある日、同級生の1人が「兄貴からパクってきた（盗んだ）」と言って、たばこ箱の中から取り出した1本を自慢げに見せてきた。「めっちゃ気持ちいいよ」。勧められるままに火を付け、煙を吸い込んだ。

大麻だった。同級生の兄は高校生。不良グループからいじめを受けており、「ノルマ」と称して大麻を売り付けられていた。「友だちの兄ちゃんは1グラム6千円ぐらいで売っていたみたい。それをパクって学校に持ってきてた。俺はそんなにやらなかったけど、友だちはめっちゃはまってた」

ユキトは高校には進学せず、建設業のアルバイトをするようになった。ある日、小学校の同級生から電話がかかってきた。「クサ、買わない?」

「クサ」は大麻の隠語。ユキトと同様に高校に進学していなかった同級生は「自分で栽培している」という地元の先輩から大麻を大量に譲り受けたのだという。ユキトが断ると「モノを見てから決めてほしい」と自宅まで押し掛けてきた。

「他の国では合法だから」「体に害はない」。自宅前の路上で同級生は懇願するように迫った。「金に困ってるんだ。頼むから買ってくれ」。なぜそれほど追い込まれているのか。それ以上、事情は聴かなかった。

若い世代に伝染病のように広がる〝大麻禍〟。困り事を抱える県内の子どもをインターネット上のSNSや夜回りで見つけだし、支援につなげる活動を行っている男性の元には以前から、大麻を使ったという県内の中学生から相談が寄せられている。男性は「高校生だけではない。中学生にも広く出回っている」と、低年齢化に警鐘を鳴らしている。

◇「興味本位」「勧められた」 高校生ら10人摘発

2018年12月から19年5月にかけて沖縄本島内で大麻を所持したり、譲り渡したりしたとして、沖縄県警は19年6月6日、高校生5人を含む有職、無職の少年、大学生ら16～19歳の計10人を大麻取締法違反容疑で摘発し、那覇地検に送検したと発表した。そのうち現役高校生の男女3人を含む5人を逮捕している。県警が発表したのは大麻関連事案6件で、合計23人の少年少女が関わったという。未成年者の間に違法薬物がまん延している実態が明らかとなった形だ。

県警によると、未成年者10人のほか成人男性2人も摘発したとしている。摘発された高校生らが通う学校は複数にまたがっている。6件の事案は直接的には関連していない。

摘発された少年らは大麻を使用した動機について「興味本位」「友人に勧められた」「体に悪影響はない」などと話しているという。

少年らの中にはインターネット上のSNSを介して、面識がないまま売買に関わっていた者もいる。

県警によると、19年5月末時点で未成年者による違法薬物の摘発件数は10件で昨年1年間を上回り、過去5年間で最多となった。

事件では、高校生らによる大麻の取引にSNSが使われていた。若者の利用者が多いSNSのひとつである短文投稿サイト「ツイッター」では、大麻の取引をうかがわせるやりとりが日常的に行われており、専門家からは「大麻まん延の温床になっている」と指摘する声も上がっている。

県警によると、事件では発覚の端緒となった10代の男子高校生が、別の男子生徒から大麻を譲り受ける際にSNSを使った形跡があった。大麻を譲渡した男子生徒はさらに別の女子高生ら7人に大麻を販売したとみられ、この取引の際にもSNSが使われたという。

捜査関係者によると、高校生らも頻繁に利用するツイッターには、大麻取引をうかがわせるような投稿が頻繁に書き込まれている。

捜査当局の摘発を免れるため、事情を知る一部の者だけが分かるように隠語が使われるケースが多く、大麻を「野菜」と呼称したり、大麻を直接手渡しする行為を「手押し」などと表現したりする。密売者が取引に当たり、機密性が高いことで知られる海外発の無料通信アプリの利用を相手に勧め、個別にメッセージを送るように誘導することもあるという。

事件が明らかになった6月6日午後、こうした隠語でのツイッター上のやりとりが複数確認され、「沖縄で手押ししている方いませんか?」などと県内での取引を求める投稿もあった。

「夜回り先生」として知られ各地で薬物乱用防止の講義を行う水谷修さんは「非行程度の気持ちで使用する未成年は少なくなく、1人使っていれば背後に100人単位でつながっている可能性もある」と語る。

水谷さんによると、ネットなどを通じて(1)所持の現行犯しか摘発されない、(2)健康に無害――といった大麻に関する誤った情報が広がっているという。その上で「LINEなどSNSの普及もあり、伝染病的にまん延する」と指摘している。

売人、身近な所に

「普通の子」の手にも

「お兄さん、ちょっといい？」

那覇市に住むアルバイトのフミアキ（18）は2017年5月末、国際通り近くの公園で20代くらいの見知らぬ男から声を掛けられた。時計は午後8時を回った頃。市内の高校に通う友人と2人で「ゆんたく（おしゃべり）」している時だった。

「クサ（大麻）、あるけど」。近くに止めた車まで一緒に来れば、現金と引き替えに現物を渡すと言われた。フミアキは誘いを断った。

だが、こうした経験は初めてではなかった。同じ年の平日の昼間、国道58号沿いのビルの近くを歩いている時にも声を掛けられた。

「『やせるクスリ』もあるよ。嫌なこと、忘れられるよ」。話し掛けてきた男は大麻のほか、覚醒剤を持っているとほのめかした。

中学時代から非行を繰り返し、少年院に入った経験もあるフミアキにとって違法薬物は身近なものだった。「悪そうな子を見つけて声を掛けてる感じだった。先輩や友だちから『あそこに行ったら買える』と教えてもらうこともあった」

最近は、街角に立つ密売人の姿を見る機会は減った。一方、入手する手段は身近な所で広がっている。地元の不良仲間や同級生、先輩。交友関係の中には、どこかから大麻や覚醒剤といった違法薬物を調達する者が混じっている。

まん延した大麻は「普通の子」の手にも渡る。19年6月、大麻取締法違反容疑で摘発された高校生について、沖縄県教育委員会は「出席には問題なかった」と説明した。関与した人数の多さもあり「大きな衝撃」と重大性を強調したが、生徒指導に携わる現場の教員は「10年以上前から恐れていたことだ」と、冷静に受け止める。

「外見で分かる『不良』はいなくなった。みんな『普通の子』に見えるが、それぞれ家庭や交友関係に問題を抱えていて、普通の子はいない」。あるベテラン教員は、生徒それぞれの事情に合わせた手厚い指導が必要だと強調する。

SNSのつながりは、学校の親友にさえ明かさない。その上、どこの誰かも分からない人と深くつながることもある。教師も親も友人も気付かぬまま、大麻が生徒に忍び寄っている。「このままでは覚醒剤やピストルにだって及ぶかもしれない。今すぐ抜本的に指導方法を見直さないと」

◇1グラム650円　売人の男性証言

沖縄県警が高校生5人を含む少年10人を大麻取締法違反容疑で摘発した事件が社会問題化する中、主にインターネットのSNSを通じて県内で大麻を売買している沖縄本島中部の男性(22)が2019年7月に取材に応じた。男性は県外の売人から大麻を仕入れ、19年からSNSを通じて手渡しで販売している。買い手の大半は若い観光客で、知り合いの高校生や米兵にも販売したと明らかにした。

男性は「客は普通の人だ。県内の繁華街で大麻は日常的に流通している。大麻の購入資金がたまれば、もっと売りさばくことができる」と話す。

男性が専門学校生だった18歳の頃、友人の勧めで大麻を使用するようになった。当初は罪悪感はあったというが「考えがさえてリラックスできる。趣味でやっている音楽活動のパフォーマンスが上がる」などの理由でのめり込んだ。

大麻の売人をする知人の影響で、19年2月、SNSに大麻を販売するためのアカウントを作成し、隠語も交えながら大麻販売を宣伝している。これまで約20回、那覇市の国際通りや恩納《おんな》村など本島各地で大麻を売りさばいた。

音楽を通じて知り合った高校生にも大麻を売った。知人を通じて求めてきた米兵に基地のフェンス越しに販売したこともある。

麻薬のLSDやMDMAを入手し、使用した。LSDは販売したこともある。過剰摂取でパニックになったこともある。だんだんと効果の強い麻薬に手を出し始めているが「自分の体質に合った使い方をしていれば問題はない。自分は依存しないし、他人に迷惑を掛けるような事態にはならない」と主張した。

男性は、過去に「ツイッター」で知り合った県外のバイヤーから1グラム3500円で仕入れ、客に1グラム6500円で販売している。

県外の売人や客とのやりとりは機密性の高いメッセージアプリ「テレグラム」や「ウイッカー」を使う。売人からは郵送で大麻を入手する。大麻はお菓子の箱に入っている。万が一、包みを開けられても気付かれないための偽装だ。

SNSを通じて知り合った客の大半は若い男性の観光客。販売側の男性は世間話をしつつ、『『チンパケ』(パケと呼ばれる大麻入りの袋を下着に入れる隠匿方法）に気を付けてください」などと隠語を交えながら客が大麻に精通しているかを見極める。捜査員ではないと判断したら別の場所に置いてある大麻を取ってきて販売する。

男性は海外の一部で医療用・嗜好《しこう》品用の大麻が合法化されていることをインターネットを通じて知り、日本も将来的には大麻が解禁されると信じている。「自分は大麻を悪いものと思っていない。もし捕まってもいつかは周囲が理解すると思っている」と述べた。質問に素直に応じる姿は「普通の若者」に見える。

日雇いのアルバイトと大麻販売が収入の大半を占める。「客はみんな『普通の人』だ。２週間に１回仕入れるが、客が多くて間に合わない。でも小遣い程度しかもうからない。多く仕入れようと消費者金融から借金もしたが、自分でも大麻を使ってしまい、借金は残っている」と明かした。

薬物依存回復施設「沖縄ダルク」の森廣樹代表は「インターネットで『大麻は体に悪くない』との話が流布しており、若者を中心に罪悪感が薄れている。だが沖縄ダルクでは実際に大麻依存に苦しんでいる人もいる。捜査機関は販売する者を取り締まってほしい」と話した。

危機に直面する10代

会員制交流サイト（SNS）によって危機に直面する10代。
登場した子どもたちの話から見えたのは
「守ってくれる大人」がいないという現実だった。
SNSの利用にのめり込む子どもたちの心情や、
性犯罪被害に遭った子どもたちをどう支えるべきか――。
こうした危機に直面する子どもたちを支援する人に話を聞いた。

インタビュー

承認欲求につけ込む大人

被害防ぐ声掛けを

上野さやかさん

うえの・さやか　1979年石川市(現うるま市)生まれ。NPO法人おきなわCAPセンター事務局長、MATアジア現代思想計画那覇事務局、SO♡事務局、大学非常勤講師などを務める

人権を侵害するあらゆる暴力を防止する活動を続ける組織に「おきなわＣＡＰセンター」がある。２００３年のＮＰＯ法人化から今年で17年になる。事務局長として性犯罪被害者の支援に取り組んでいる上野さやかさんは、子どもたちへの暴力を防ぐ教

育プログラムを実施している。

SNSで発信する10代の心情を「子どもたちの承認欲求が出ている。『自分はここにいる』ということを発信したくて、多くの子がスマホを手放せない」と分析する。子どもたちがスマホを手放す時間を少しでも増やすために「子どもたちに生の『いいね』を声掛けしてほしい」と呼び掛ける。

活動を通して、子どもたちが暴力にさらされている深刻な実態を肌で感じてきた。SNSを通じて少女らに性暴力を振るう大人は、少女らの承認欲求を埋める言葉を投げ掛けるため、子どもたちが依存して被害に遭うケースもある。「スマホの所有そのものの問題ではない。子どもたちが、そこ（スマホ）に頼らなくてもいいような、社会の声掛けが必要ではないか」と感じている。

性暴力被害に遭った女性への支援について「性暴力の相談件数は一番少なく、被害者が言い出せない社会になっている。被害に遭った人は悪くないという発信を社会全体で出していくことが大事だ」と語り、社会の機運づくりや人権教育が必要だと訴えた。

上野さんは17年、虐待や性暴力を受けた少女たちに焦点を当てた「私たちは『買われた』展　ｉｎ　Ｏｋｉｎａｗａ」の開催に実行委員長として携わった。この展示会を各地で開催する団体「Ｃｏｌａｂｏ（コラボ）」の仁藤夢乃代表は10代の頃、夜遊びをして電車で朝帰りをした際、部活に行く同じ年頃の子を目にして、自分のふがいなさに涙を流した。その時、知らないおばあさんに「大丈夫？」と声を掛けられたことが支援活動に携わる大きなきっかけとなったという。

上野さんは仁藤さんの経験を踏まえ、大人に対して「『あなたのことを分かっているよ』『おはよう』と声を掛けるだけで、子どもたちの心のぽっかりと空いた部分が後々埋まる可能性もあるし、その時に埋まるかもしれない」と語る。

「支援をする大人自身も孤立しないよう、いろいろな人とのネットワークを広げていく必要がある。支援者によってそれぞれ得意な分野があり、多くの人がその子どもに関わることで支援の幅が広がる」と指摘する。その上で子どもたちに対しては「最初に相談した人が必ずしも合う人だとは限らない。１人だけに話をするのではなく、いろんな大人に頼ってほしい」と訴えた。

第2章
消費される性

家を飛び出し、夜の街を彷徨う少女に触手を伸ばす大人たちがいる。
法律が禁じているにもかかわらず、18歳未満の少女を
風俗店で雇い入れる店舗が沖縄にはある。
暴力的な言葉で少女を店に縛り付け、客をあてがう風俗店経営者。
客として少女を求める男たち。大人たちが少女の人権をむしばむ
闇の世界から目を背けることは許されない。
風俗店で働いた経験のある少女に会い、闇の実態を探った。

「こんなはずじゃなかった」生活の苦しさ変わらず

相手の顔も見えない暗い部屋。カーテンで仕切られたソファ一つ分のスペースで、男性客を相手に性的サービスをするのがタカコ（19）の「仕事」だ。コンドームをはずそうとする客、乱暴な言葉でののしる客から人として見てもらえない空間で、週6日を過ごす。17歳からこの「仕事」に就いている。

給料は日払い。ある日、仕事を終えたタカコの手元に残ったのは5000円だった。客1人の相手をして、自分の取り分は2500円。そこから、自宅までの送迎代として店に2千円を支払った。高い給料を見込み、心を押し殺して入った世界は想像とかけ離れていた。「こんなに稼げないとは思わなかった」。右の手を左の手でぎゅっと握る。タカコの声がかすれた。

店のコースは三つ。胸を男性に触らせるコースは2500円、口で性器をマッサージするコースは3千円、そしてセックスをする「本番」コースは5千円がタカコの取り分だ。客が店に払う額の半分以下。完全歩合制で、安いコースの客が続けば、その日の給料は少なくなる。時給はなく、客が来なければ無駄な時間だけが過ぎていく。「3万円稼いだ日もあるけど、ほとんどは1万円以下」。収入は不安定かつ低水準だ。

タカコには子どもが2人いる。母親を含め4人で暮らしている。家賃は母親が払い、その他の生活費をタカコが工面している。

中学から不登校で、高校へは行けなかった。ホテルのベッドメイキングやスーパーのレジ打ちなどもしたが、朝早く起きる生活になじめず、体がついて行かなかった。それでも生活費を稼ぐ必要があった。思い切ってキャバクラに勤務したのが17歳の頃。生活の苦しさは変わらなかった。少しでも楽になればと、友人の誘いに乗って今の風俗店に入ったが、経済的な苦しさは変わらなかった。その上、「体を売っている」という負い目から、精神的に追いこまれているのを感じる。

子どもの父親とは離婚した。一緒に住んでいた頃、元夫は大麻を使用していた。何度言ってもやめてもらえず、働いた金は大麻に消えた。途方に暮れていたところ、自宅に警察の家宅捜索が入った。初めて見せられた令状に動揺したが、苦しい環境から脱することができるのではないかという期待も湧いた。「あの頃よりはましかもしれない」。どん底の経験が、今の状況を受け入れる下地となっていた。

親友にも話せない

「援デリ」、深い傷に

平日の午後2時すぎ。大型ショッピングモールのゲームセンターで、中学生のアンリとあいかがプリクラを撮っていた。顔立ちも似ている2人は姉妹のようだ。アンリは長いこと学校に行っていない。小学校高学年からキャバクラで働いている。これまでに10以上の店を渡り歩いた。

あいかはきょうだいの中で1人だけ親から暴力を受けており、一時期アンリの家で寝泊まりしていた。家で起きていること、最近付き合い始めた彼氏の話。会えば話は尽きない。

離れた街にいて、SNSでやりとりする2人は、お互いを心の許せる相手だと感じている。ただ、これだけ一緒にいても、アンリは一つだけあいかに話せないことがある。客と性行為をする「援デリ」をやっていたことだ。

アンリとあいかを見守る支援者は「女の子同士では、風俗は『恥』と思っている子

夜に開店する衣装店のショーウインドー。華やかな衣装が飾られている

が多く、親友でも話さない場合が多い。知っている場合はその友人もやっている可能性が高い」と話す。「デリは精神的にくるものがあった。苦しかった」とアンリは振り返った。援デリの経験は深い傷になっていた。

アンリは小学校の頃から、高学歴の親と成績の良いきょうだいの存在に苦しんできた。家でもクラスでも勉強が苦手なのは自分だけ。クラスメートに付いていけず、劣等感が募り、次第に学校から足が遠のくようになった。

学校に行けなくなった理由はもう一つある。担任にいじめられたことだ。成績の悪さや孤立しがちな態度が理由だったと本人は話す。クラスでもめ事が起こると、名指しでアンリが責められた。

アンリは外で遊ぶようになり、中学生の先輩たちとつるむようになった。さらにその上の先輩のつてで「夜働いてみない？」と誘われた。最初に就いたのはガールズバーのスタッフ。カウンター越しに酒を作って接客する店で「割《わ》りかし楽だ」と感じたが、その店がつぶれたため、チャット型交流サイトで新たな店を探した。

そのサイトが危険だとうわさになることはあったが、周囲の女の子が同じ方法で仕事や「足」となる男性を探していた。アンリも「とにかく便利」との感覚の方が上回った。

新たに働き始めた店は、表向きは「飲み屋」（キャバクラ）となっていた。だが、裏ではデリヘルまがいのこともさせられた。実際に男をあてがわれると「きもい、無理だ」との感覚だけが残った。アンリは小学生だった。

「話し方や態度で、ちゃんと働いている客も多いと思った。こんな人たちも来るんだって、本当に気持ち悪かった」

遊んでいた先輩にだまされて援デリをさせられたのは、中学に上がってすぐの頃だった。

誰も守ってくれない

補導され「ほっとした」

小学校高学年の時、風俗で働くことを強要されたアンリは、半年かけて連絡を絶ち、店を辞めた。それからはキャバクラで働いた。仕事をきっかけに、遊び相手の年齢はどんどん上がり、中学1年生の頃には、10代後半や20代前半の男女とつるむようになった。

その中の1人の男は援デリをあっせんしていた。ある日、「働いている女の子が1人逃亡して困ってる。代わりに1回だけ出てくんない？」と頼み込まれた。「嫌だ」と言いたかったが、年下の自分を仲間にしてくれたことに恩を感じたアンリは頼みを断れなかった。「1回だけって言ってたから、信じてしまった……」

女の子の代わりにSNSで書き込みをして客を誘い出す「打ち子」をしていた男は、交渉が成立すると客をアンリにあてがった。「1回だけ」という約束は簡単にほごにされた。

1週間、客をあてがわれた。我慢できず、「もう嫌だ」と思い切って口にすると、男の態度が一変した。「は？　断るってありえん、やー（お前）使えん！」。遊び仲間の目の前でののしられ、その場は引き下がった。

「怒らせたら場の空気も悪くなるし、何とか収めないとって思った。仕事のこととなると怖くて逆らえなかった」

数週間も援デリを強要されたアンリは「逃亡」した子を自分で見つければ辞められる」と考え、行方を捜した。見つけることはできなかったが、別の子が警察に補導された。そこから男たちは摘発され、アンリも補導された。家族に知られる怖さがあった半面、「これで辞められる」とほっとした気持ちにもなった。

小学校を休み始めた頃、家族はアンリを殴って無理に登校させようとした。それが嫌でアンリは家出を繰り返した。だが、援デリの被害に遭ったことを知った家族はアンリの行動に口を出さなくなった。

いざ何も言われなくなると「見捨てられた」と感じた。「家にいたくなった。あんなに逃げたかったのに。なんでだろうね」。夜、出歩くことが減ると、家族の暴力もやんだ。「今はへーわ」と笑う。

女の子が性被害や薬物の被害に遭ったという話が、昔の仲間やSNSから頻繁に入る。

「この前、〇〇中の子が集団で回された(レイプされた)って。やったのは〇〇中の3年。あいつら鬼畜ど。女の子にはクスリが出回ってる。マリファナをしーじゃ(先輩)から買う子も多いし、普通に買える場所も知ってる」

危険と隣り合わせの日常で、アンリは誰も自分を守ってくれないという「教訓」を得た。

アンリは中学に上がったものの、相変わらず登校していない。「前に担任に『学校行っていい?』って聞いたら、『来なくていい』って言われた。ほかの子がまねしたらいけないと思っているんだろうな」と笑う。

「ほんとは学校行きたい。だって学校って勉強するだけじゃなくて友だちつくるとこじゃん? アンリもさ、ほんとは、近い年の友だちほしいよ」

店で「ピンサロ」強要

家、学校では孤立

10代のユキノは数年前、SNSを使って働き口を探した。その頃キャバクラで働いていたが、店では客を取るたびに他のキャスト(働く女の子)から嫌がらせを受けた。人間関係にうんざりしていた時にSNSで見つけたのが、客が女の子の体に触れることができるセクキャバ(セクシーキャバクラ)だった。

給料がキャバクラより高いと知り「体を触られるぐらいなら大丈夫かな」と考え、迷った末に面接を受けた。その日から働くよう言われ、店内に入った。だが、実際の仕事は、客の男の射精を手助けするピンサロ(ピンクサロン)だった。

「話が違う」。そう言おうとしたが、ボーイと店長は「え? できるよね? 来たんだからできるよね?」とユキノにすごんだ。面接の時とは違う威圧的な態度に震えが来た。大の男2人を振り切って外に逃げる選択肢はユキノにはなかった。

「店の中は明かりが消えて暗い。えげつないほど暗かった。大きな音が鳴っていて、

ネオンの陰で不当に働かされている少女がいる

余計に怖かった」。大音量の洋楽。闇の中で待つ男たちの気配。全てが恐怖でしかなかった。

小さな頃から周囲の大人に抑圧されて生きてきた。親の言いつけで、小学校低学年から10近い習い事に通っていた。夕飯も迎えに来た母の車の中で済ませた。帰宅は毎日夜11時すぎ。学校の宿題を済ませて眠るのは深夜1時を超えていた。

「もっと学校の友だちと遊びたいってずっと思ってた」。だが、仕事を掛け持ちしてまで習い事に通わせる母を見ていると、本音を言えなかった。「立派な仕事に就いてほしい」。それが両親や祖父母の口癖だった。

高学年になって初めて「部活に入りたい。

もっと学校にいたい」と自分の思いを口にした。それを「必要ないから」と一蹴されたことで、怒りが爆発した。「ユキノはあんたたちの操り人形じゃやない！」

反抗を受け、母たちは習い事の全てをやめさせた。「唯一好きだったダンスだけは続けたいって頼んだ。ユキノは踊ることが何より好きだったから。ママ手縫いの衣装で舞台に立てるのがうれしかった」

全てやめたいわけじゃなかった。自分の気持ちを聞いてほしかった。いざ思いをぶつけると、与えられたのは10か0かの選択肢。ユキノを尊重してくれる人は家の中にはいなかった。

好きなダンスをやめさせられてから無気力になった。なんとか登校はしたが、これまで友だちと遊ぶことがなかったユキノはどんなふうに話したらいいのか分からず、ささいなことで仲間外れにされ孤立した。

「学校っていいとこじゃないんだな」。習い事を始めた小学1年から無遅刻無欠席だったユキノは、中学生でほぼ不登校となり、自宅にひきこもった。

「親に言う」と脅され出勤

50、60代の客相手に

不登校になったユキノは一日中スマホをいじって過ごした。両親や祖母に対する反抗心はいっそう強くなった。「ユキノの気持ちを聞こうともせずに、みんな『学校に行こう』の一点張りだった」。中学3年になり受験し合格したが、結局、高校に通うことはなかった。

中学卒業後、SNSでつながった友だちと出歩くようになった。その頃少し年上の彼氏ができた。昼にバイトもしたが「しんどい割にもらえるお金が少ない」と感じていた時、友だちから「昼より断然稼げるよ」とキャバクラを紹介された。

働いたのは早朝に開店する朝キャバだった。勤務時間は午前6時から正午。数件ハシゴした客ばかりで、入店した時点で泥酔していた。手加減なくキャストの頭を殴ったり暴言を吐いたりした。

しばらくして、離れた繁華街の店で夜も働いた。二つ掛け持ちで1日の手取りは約

2万2千円。自分で稼ぐようになって、洋服や化粧品にかけるお金が増え、徐々に金銭感覚が変わっていった。それでも毎月、下のきょうだいへ小遣いをやり、母に数万円の生活費を渡した。

反抗はしても、仕事を掛け持ちして習い事に通わせた母の苦労は分かっているつもりだった。

ピンサロと知らずに面接を受けた店で、客を取るよう強要された翌日、出勤を拒否すると、ボーイや店長は「ここにいるってこと、彼氏や親に言ってもいいのか」と脅してきた。誰にも打ち明けられず、恐怖心を抱え込んだまま出勤した。店で働く女の子の中には中学生も数人いた。

出勤するたび、「気持ちが落ちた」。彼氏への罪悪感と親への申し訳なさで、気持ちが不安定になった。

店は暗かったが、見送る時に店の外の明かりで客の顔が見えることもあった。「50、60くらいのおじさんばっかり。アジア系の観光客も多かった。客はユキノが若いってことも絶対分かってたよ」と語る。

1万5千円で客を取ると、店の取り分が1万円でユキノは5千円だった。だが、次第に取り分が減り、1日の手取りは2500円になった。何人も客を取らなければ、キャバクラより高い給料を得ることはできなかった。収入が減るにつれ、気持ちも追い詰められた。

ある日、明かりのついた店内を見回した。そこは何脚かのソファが置かれただけのがらんとした部屋だった。「廃虚だ」。ぼうぜんとした。「もう、無理だ」と出勤するのをやめた。

脅されても「彼氏にも親にもばらせばいいさ！」と言い返し、店長らのメールや電話を無視し続けた。連絡を絶ったことでこの世界から離れられたと考えているが、いつまた脅されるか、今も恐怖がある。

「高校に行ってみたいっても思うけど、もう無理だとも思う」とつぶやいたユキノ。「きょうだいは、ユキノと違って習い事に通えてない。あの子に好きなことさせたいから、家にお金を入れたい」と話した。

◇風俗店、「囲い込み」多様化

スマホアプリも温床に

家や学校で居場所を失った少女、経済的な事情でやむにやまれず働き口を求める少女を、風俗店が囲い込む。人づてに少女を勧誘する手法が根付いているのに加え、事実上、年齢を問わず使える出会い系アプリも登場し、少女を風俗店に誘い込む手口は多様化している。

沖縄本島中部でガールズバーを経営していた男性は、未成年者を雇った経験がある。求人誌を使わず、スマートフォンの出会い系アプリで従業員を募集したところ、ある少女から応募があった。「未成年とは思わなかった」ため、採用を決め、身分証を確認しないまま働かせた。身分証を示すよう言ってはいたものの、何度もはぐらかされたという。

その後、16歳であることが発覚し、風営法違反の罪で有罪判決を受けた。「悪かった。雇ってしまった子に謝りたい」と反省の態度を示す男性。しかし、その出会い系アプリの利用者に10代が多いと知りながら募集を掛けたことについては「求人広告を出す費用が惜しかった」と歯切れが悪い。

19歳のジュンコは、17歳の時、本島中部のキャバクラで働き始めた。高校を中退し、行く当てがなく彷徨っていたところ、友人に店を紹介された。地元に近く、身近な人に働いているのがばれるのを恐れ、しばらくして自宅から遠い店に移った。車の運転免許を取得しておらず、送迎があるキャバクラは、ありがたい職場だった。

移った先で、店の客に「もっと稼げる」と紹介を受け、今は違法風俗店で働いている。「従業員が少ないから、急に呼ばれることもある。だから、店の人に近くに引っ越すように言われた」と、店の近くに居も移した。住んでいるのはアパートではなく、1日1500円の安宿だ。宿代を稼ぐため、店に出続けている。「風俗とキャバクラは全然違う。本当の友だちには風俗をしているなんて絶対言えない」。ジュンコは、「紹介」から深みにはまり、抜け出せなくなった現状にもがいている。

家を出るため風俗に

父の暴力「殺される」

ふうか(18)が高校1年の頃、「内地に飛んだ(県外に逃げた)」のは、暴力を振るう父から逃げるためだった。沖縄に戻り、高校に復学しないままキャバクラで働いたのも、「もっと稼げるとこ紹介するよ」という先輩の誘いで店を換えたのも、家を出る資金を貯めるためだった。

迷った末、行き着いたのはソープ。「どうしても家にいたくなかった。あんなとこにいても、死にたい気持ちが膨らむだけだったから……」。ふうかはうつむき、小さな声で言った。

家の中で殴られ、「殺す」と日常的に暴言を吐かれるのは、ふうかと母だけだった。父は男きょうだいには手を上げなかった。暴力で抑え付けられるたび、「家を出たい」という気持ちと死にたいという思いがこみ上げた。

ふうかは学校でもいじめに遭っていた。しかし、父の暴力に苦しむ母には娘を案じるゆとりはないようだった。

最初にいじめが始まったのは幼稚園の頃だ。同じ組の女の子数人からウサギの餌を食べさせられ、物置に閉じ込められた。「おとなしいから狙われたんだと思う。それからは、女の子たちとどう接していいか分からなくなった」

小学校に上がっても、暴言や仲間外れは続いた。担任に相談しても状況は変わらず、むしろ「ちくった」という理由でいじめはひどくなった。「学校にはちゃんと行け」という親の言いつけで休まず通い続けたが、楽しい思い出は一つもなかった。あるのはいじめによる孤立の記憶だけだった。

ふうかは16歳でキャバ嬢になってからも、店の女の子になじめず孤立気味だった。もともと引っ込み思案な性格で、ドレスを着てフロアにいるだけで落ち着かない。「周りの目線が気になって、お客さんとうまく話すこともできなかった。人の多い場所が苦手だった」と振り返った。

父の暴力は続いていた。殴り殺されると感じて、隣家に逃げ込んだこともある。うつの症状が出て、母と行った病院で薬を処方されたが、死にたい気持ちが収まらず、薬を一度に大量に飲んで意識を失うなど精神的に不安定になった。

「家を出ない限り、苦しさはなくならない」。そう思う一方で、体がきつくて店を休むことが増えた。

1人暮らしをするための資金が貯まらないと焦っていた時、「キャバより稼げる。客が取れなくても、最低でもキャバの日当2万円は保証する」と誘いを受けたのがソープだった。

小さな頃から続いたいじめで、集団におびえていたふうかには、個室勤務という触れ込みも「好条件」に映った。

「キャバより稼げれば、早く家を出られる」。父の暴力から逃げ出すため、ふうかはソープで働くことにした。17歳だった。

おなかの子、私が守る

「一緒に未来開く」

働く上での条件だった「日当2万円」は、実際には3人の客を相手にしなければもらえない額だった。ふうかは、多い日で6人の客を取らされた。もらえる額は増えたが「気持ちがしんどかったから、その分ご褒美に何か買おうって使っちゃって」。結局、お金は全然貯まらなかった。

お金を貯められなかった理由はほかにもある。ソープを始めた頃から一緒に暮らすようになった彼氏が収入をあてにしたからだ。

「食事代、ドライブの時のガソリン代、遊ぶお金、どんどん要求が増えていった」。自分の体を消費されて手にしたお金を彼氏に無心されると、さらに仕事へのしんどさは増していった。

勤務する間は個室に詰め、働く女の子と顔を合わせることはほぼなかった。「びくびくして働いていたキャバよりはましだ」と自分に言い聞かせた。それでも個室に店長から電話がくるたび「また客を取るのか」とつらくなった。その頃を思い出すから、今も電話の呼び出し音は苦手だと話す。

うつの症状を抱えながらの勤務も限界になった4カ月後、店を辞めた。未成年のふうかを雇い続けることを潮時と感じたのか、店側も引き留めなかった。

後になって彼氏が浮気をしていたと知った。「ひどいと思ったけど、別れたら住む場所がなくなると思って我慢した。家にはどうしても帰りたくなかった」

彼氏は謝るどころか暴力的になった。髪を引っ張られて引きずり回されることもあった。それでも、家に戻りたくないという一心で彼氏の元にとどまった。

彼氏と別れたのは、妊娠が分かった後だ。度重なる暴力から「この人がお父さんになるのは無理だなって思った。なら、私がおなかの子を守ろうって」。彼氏から離れる決心がついた。いったんは家に戻ったが、父親の話を聞きつけた支援者がふうかを一時保護施設につないだ。

「家庭をつくること、子どもを産むことにあこがれがあった」とふうかは明かす。1人で出産することになっても、妊娠は「うれしかった」と振り返る。

支援者は「限られた選択肢の中から、ふうかは道を選んできた。困難に置かれた子を批判する前に、どう支えたらいいか周囲は考えてほしい」と語る。

出産後の生活をイメージできていないのは、ふうか自身も分かっている。ふうかは、家でも学校でも守られてこなかったからだ。

これまでの選択は全て父から逃げるためだった。でも、これからは子どもを守るために道を選んでいくと決めている。おなかの子と一緒に、ふうかは未来を開きたいと思っている。

◇追い詰めるのは大人　被害者に厳しい社会

買う男がいて、売る男がいる。夜の街で、車中で、ホテルで、10代の女の子たちが「商品」にされ、性犯罪の被害に遭っている。取材を通して見えたのは、業者の狡猾《こうかつ》な囲い込みの実態と、被害者に厳しく、加害者に甘い社会。そして、女の子たちを守る大人がいないという事実だった。

沖縄県内では2017年、16人が児童買春の被害に遭った。県警少年課によると被害は年々増加傾向にある。18歳未満と知らなければ、児童買春・児童ポルノ禁止法は適用されない。それを知っているのか、逮捕された業者や客の男たちが「(18歳未満と)知らなかった」と供述することも多い。

だが、女の子たちからは「部屋は暗くても、外まで見送る時に顔が見えた。客は私が10代だって分かっていた」「中学生も何人かいたし、店はリピーターが多かった」という声が聞かれた。男たちが未成年と知りながら売り買いしている印象は否めない。逮捕時の「18歳未満と知らなかった」という言い訳めいた言葉からは、罪の意識が希薄であることがうかがえる。

刑罰も軽く、沖縄県青少年保護育成条例は2年以下の懲役か100万円以下の罰金、最も重い児童買春・児童ポルノ禁止法は5年以下の懲役か300万円以下の罰金で済む。

14年に児童買春容疑で逮捕された元沖縄県教育庁幹部は、県青少年保護育成条例で起訴され、下った判決はわずか罰金50万円だった。

社会では、買春に関わる男たちへの批判よりも「売る方が悪い」という声が大きい。連載掲載後、編集局には「法律違反をした少女の話を載せてもいいのか」「一部の子の話のために、沖縄全体がこうだという印象を持たれる」といった意見も寄せられた。

児童買春も未成年者雇用も、子どもは「被害者」であり、少年法に関係なく罪に問われることはない。被害者を「犯罪者」として見る感覚が問題の根源にある。「安全圏」にいる大人が、危険な場所に追いやられた子どもを批判し、彼女たちの口を閉ざす。

女の子らは「一番身近な人にこそ(風俗で働いていることを)言えない」と口をそろえる。女の子らが抱えた負い目によって被害の実相が隠れてしまう。積極的に関与しなければ、加害者が闊歩《かっぽ》する現状は続く。

買春被害に遭った子について担当する県警少年課は「いずれも居場所のない子たちだった。同じ子が何度も買春被害に遭う事例もあった」と話す。

支援者の1人は「批判を繰り返す人は、見た目の派手さや言動だけで判断し、困難な状況に置かれた子どもたちを自分の生活とは無関係の存在として切り離している。隣近所やコンビニですれ違う子、どこにでもいるような子が性犯罪被害に遭っていることを気付いてほしい」と話す。

子どもたちを追い詰めているのは直接の加害者だけでない。安全圏で被害者をおとしめる大人たちも同様に、子どもたちを追い詰めているのだ。

見過ごされる大人の責任

風俗店で働く少女たち。
彼女たちは家でも飛び出した先でも暴力で抑え込まれていた。
その少女たちを業者が囲い込み、厳しい環境に置いた。
親や教師、地域。少女たちに直接接する大人だけでなく、
問題を「わがこと」と感じず、見過ごしてきた大人たち、
そして社会全体にも大きな責任がある。

インタビュー

「所属先」確保して

大人側の支援も必要

上間陽子さん

うえま・ようこ　1972年沖縄生まれ。琉球大学教育学研究科教授。沖縄の未成年の少女たちの調査を続け、2017年『裸足で逃げる　沖縄の夜の街の少女たち』(太田出版)出版。現在、若年出産女性の調査を続けながら、女性たちのケアにあたる。「webちくま」でエッセイ「海をあげる」を連載中

未成年の少女へのインタビューを基に、貧困や暴力、性被害の実態を明らかにしてきた琉球大学教育学研究科の上間陽子教授は、少女らが風俗に囲い込まれないようにするためには「所属先」を確保することが必要だと説く。

「所属先」とは、主に家庭、学校、地域の三つだ。上間教授は「親が地域にネットワークを持っていないと、子どもは地域とつながれない。家庭や学校でも居場所がなくなれば、所属先はどこにもなくなり、見えなくなってしまう」と指摘する。

特に公共性のある学校の役割を重視し、「同世代がいて、おしゃべりする場は大事だ。危機を嗅ぎつけ、大人につなげるのは同世代であり、そういった意味で学校は最前線なはずだ」と強調する。「学校は全ての子どもが所属する唯一の場所。どうにか学校に引っ掛け続けてほしい」と指摘し、学校側が少女を見放さず、関与し続けることに期待する。

本書で登場した少女の多くは、服装や生活態度を理由に学校から排除された経験を持つ。所属先を失った少女らは、夜の街やSNSなどを通じて知り合った先輩、知人などの甘言や脅迫により、風俗に囲い込まれていた。

琉球新報社には、少女らの行動について「犯罪行為」と非難する声も寄せられた。上間教授は「子どもを問題化することで自分や社会を問題化しない、よくある反応の一つ」だと指摘する。「子どもの発達は、何が危険かを学ぶ前に、安心、安全を知るのが先だ。心地よい、楽しいと感じる日々のなかで、それと違うことを危険だと認識する。大人から見て危険なことをするのは、それまで安全な場所を与えられなかったからだ」と話し、少女らの生活背景を度外視した批判に反論する。

上間教授は、10代で働き始めた子どもが、大人になってから風俗業を仕事として選ぶ傾向があるとし、その背景には沖縄県内の低賃金もあると指摘する。土産品店など一般的なアルバイトは時給820～830円程度。若くして親になった子もおり、生活するには厳しい。

県が子どもの貧困率を発表した後、県内では「子ども食堂」など居場所づくりが進んだ。現在、その居場所で子どもと向き合い、困難な状況を聞き出せる場所も出てきている。上間教授は「居場所は、ただあればいいというものではなく、子どもの声を引き出せるような場所になっているかが大事だ。子どもの悩みをキャッチできるようになった現場ほど、支援が不十分で苦しんでいる。私たちや行政は、子どもと直接向き合う人を支えていかないといけない」と、大人側の支援の必要性も訴える。

同時に、支援のあり方として、大人が単独で子どもを支えることは避けるべきだと訴える。「1人で動くと、子どもの状態を読み取る力が弱くなり、支援する側1人のストーリーでその子どものことが語られる危険性がある。子どもを理解するのはたやすいことではなく、大人が束になって支える状態にすることが大事だ」と指摘した。

インタビュー

私が心の居場所になる

「できることをやるだけ」

山田照子さん

やまだ・てるこ　1978年大阪生まれ、沖縄育ち。糸満市教育委員会自立支援室 希望(のぞみ)統括責任者。沖縄県警少年補導職員として14年間、子どもたちの支援活動に携わり、2017年から「道徳響育cocoro育teru(心育てる)」代表として沖縄県内の小中高校、専門学校などでの授業や相談支援、支援者向け講演活動を行っている

「困っている人を助けたい」と考えて沖縄県警少年補導職員になった山田照子さんは、多くの非行少年や風俗などの性犯罪被害に遭った少女、保護者らと向き合ってきた。その少年補導職員を2017年に離れた。「子どもたちが被害に遭わないよう、なん

とかできないか」と考えたからだ。同年から始めた講演活動「道徳響育ｃｏｃｏｒｏ育ｔｅｒｕ（心育てる）」では、子どもの声に耳を傾け、心に寄り添うことの大切さを訴える。

少年補導職員を14年務めている間、違法な風俗業者の摘発で多くの少女を保護し、立ち直りに向けて支援してきた。その中には、恋人を装った業者の男に風俗業を強いられ数百万円をだまし取られた中学生や、親にお金を無心されてデリヘルで働き続ける子もいた。

山田さんは「子どもたちは自分が必要とされていると思おうとしてお金を渡していた。親やきょうだいのために働くという子も少なくなかった」と話し、「彼女たちは気付いた時にそれしか選択肢がなかった。排除して無関係な存在とするのではなく、自分や自分の身近な人も陥る可能性があると考えてほしい」と訴える。

保護した子どもたちには共通して自分を大切にする力が弱く、生きる力を学べていない点があると感じている。自分を大切にする力の根っこにあるのは、他者から認められて得られる安心感だ。「求めている相手から認められる経験より、認めてもらえないことが多かったのだろう」と山田さんは見る。

どんな大人になりたいかを子どもたちに聞いても答えが返ってこないという。「逆に、どんな大人になりたくないか尋ねると、どの子も『話を聞かない大人』と答える。きっと話を聞いてほしいのだと思う」。その上で「こんにちは、と声を掛けるだけでもいい。声掛けは、その人と関わりを持とうという分かりやすいサインだ」と訴える。子どもの声に耳を傾ける。悪いことをすれば叱る。時間を共にし、気持ちを受け止める。「場所じゃなく、人は人に集う。心の行き場のない子どもたちの居場所に私がなりたい」と話す。

講演での話が、巡り巡って直接関わっていない子たちにも何らかの支援として届いてくれたらと願う。「これからも、私は私にできることをやるだけ」

第3章
壊れた家族

殴る、蹴る、放任、暴言——。
家という閉ざされた空間の中で傷つけられている少年少女がいた。
家庭は安らぎの場ではなかった。
家族は壊れていた。家を出て犯罪に手を染める少年。
アルバイトで得た収入で食いつなぐ少女。
支援者と出会い、自分を見つめ直そうとする少年少女の話を聞いた。
温かい家庭に戻りたい、親に愛されたい。
そんな本音にも触れた。

目に殺虫剤、視力低下

母の恋人から暴力

沖縄本島の高校に通うみお(16)は週1回、「子どもの居場所」を兼ねた無料の学習塾に通う。この場所で高校受験勉強に励んだ。今はスタッフや仲間とおしゃべりを楽しみ、のんびり過ごす。ここでの「独りぼっちじゃない」時間が、毎日を生きる支えになっている。

高校から「居場所」までは徒歩50分。途中で母の職場を通り過ぎる。「お母さん、仕事頑張ってんのかな、って思うくらい。帰ってきてほしいって思うのは、もう諦めた」

母はめったに自宅アパートに戻らない。たまに帰宅しても、荷物を取って彼氏の元へ出掛ける。上のきょうだいも不在。みおはいつも1人でアニメを見たり、携帯をいじったりして過ごす。

それでも部屋に入れるなら、まだましだ。みおは鍵を持たされていない。時折、母やきょうだいは鍵を閉めて出掛ける。みおを閉め出しても、誰も気にしない。

そんな時は自宅の2階まで配管をよじ登り、ベランダに降りる。窓のつっかい棒を外し、室内へ入る。何度も外で朝を迎えて身に付けた知恵だ。「自分って天才でしょ」とみおは胸を張る。


幼少時を他県で過ごした。沖縄出身の両親はみおが小学校低学年の頃に離婚し、きょうだいは父方、母方双方に引き取られた。みおは母と上のきょうだいたちと沖縄に引き揚げてきた。その後、家族の暮らしが大きく崩れた。

母に恋人ができ、その男性がアパートに住むようになると、母は男性との関係を優先するようになった。子どもたちはおなかをすかせることが多くなった。母が不在の時、男性は子どもたちに暴力を振るった。きょうだいで一番年下のみおは格好のターゲットになった。

小学校高学年の頃から、左右の視力が大きく違う「不同視」を患っている。右目の視力が悪くなったのも男性の暴力のせいだ。元の視力を失った日のことはよく覚えている。

「えー、くそがき！」。怒声におののいて振り返ると、男性が至近距離からみおの右目めがけてスプレーを吹っかけた。殺虫剤だった。

「右目だけ真っ白になった。痛くて痛くて、でもなんとかしなきゃって、泣きながら水道で目を洗ったけど痛み取れなくて。あの人『こんなので痛いわけないだろ』って笑ってた……」

仕事から帰宅したみおの母は「(男性が)そんなことするはずない」と話を信じず、みおを病院に連れて行くこともなかった。それから数カ月後、学校の身体検査で視力の異常を指摘されたが、母から保険証を渡してもらえず、受診するわけにもいかなかった。

今の視力は0・1以下。眼鏡をかけて左目と同じ1・5の視力に矯正している。離れて暮らす兄が、みおの不同視に気付き、眼鏡を新調してくれた。眼科の医師にも兄にも原因を尋ねられたが、本当のことを言えなかった。

「信じてもらえないと思って。頭痛はないよ。長い付き合いで慣れたから」。片方だけに度の入った眼鏡を指し示しながらみおは笑った。

生活費、全て自分で

育て方、分からぬ母

夜明け前の暗い道を、みおは足早に歩く。向かっているのはアルバイト先。登校前、数時間だけ働いている。勤務を終えると、また早足で30分かけて学校を目指す。

放課後の時間を利用して働くはずが、いつの間にか希望もしていない早朝のシフトを入れられるようになった。「これ、ブラックバイトってやつですよね」とみおは笑う。

ある日、珍しく自宅にいた母に、バイト先での不満を話したことがある。聞き終えた母は「だから何？　早朝勤務とか別にフツーじゃん」と取り合ってもくれなかった。

短時間勤務に沖縄の最低賃金水準の時給では、めいっぱいシフトを入れても手にできるのは月3万円に満たない。「携帯代に自分の食費、たまにガス代も払わなきゃ。安すぎるとしんどい」と話す。

母からあまり小遣いをもらうことのないみおは、自分で「生活費」を稼がなくてはならない。この日の昼食はクッキーだった。「おなかがすかなかったからだよ」。しかし、本当の理由はやりくりが厳しいからだ。

母の手料理を食べた記憶は小学生の高学年以来ない。ファミリーレストランに入店したのは、取材の過程で記者に連れられて行ったのが初めてだった。記者に促されてメニューを開いたが「何を頼んでいいか分からない」。外食の経験がないみおは、途方に暮れた。

暗がりを歩くみお。子どもの頃から歩いてばかりいる

「愛されていないわけじゃないと思う。ただ、優先順位が違うだけ。(子どもの)育て方が分からないだけ」。母のことをそう考えるのは、母も祖母から世話をされずに育ったと聞いたからだ。

だから、みおは自分の置かれた状況を受け入れてきた。40度の高熱が出ていても母は出掛けてしまう。学校の面談に来てもらえず、1人で担任の話を聞いたこともあった。

高校生になったみおに母は保険証を渡した。医療費は自力で出さなくてはならないが、これさえあれば自分で病院に行ける。

夏に体調を崩し、内科を受診した。医師から心療内科へ行くよう勧められた。しかし、かつかつのバイト代では、継続して通院することはできない。「みおは元気だから大丈夫」とやり過ごすことにした。

時折、自分の置かれた状況を第三者のように見詰める。支援者はみおの姿に心を痛める。「現実から目を背けないと、やっていけないのかもしれない。もっと家族がみおに関わってくれたら」

日が暮れ、暗くなった道をみおは歩く。ライトに照らされた母の職場が右側に見えてくる。みおはそこに目をやることもなく通り過ぎる。そして「独りじゃない」と実感できる「居場所」を目指して歩く。

4月から高2になる。母はみおの成長に関わろうとはしない。

バイトで生活支え

母、風俗勤め勧める

どうして自分ばかり働かなきゃいけないの――。定時制高校に通う奈月（19）は自問する。母親は一昨年（2016年）から仕事を無断欠勤するようになり、職を転々としている。新たに働き口を見つけてもそのうち出勤しなくなり、家に閉じこもっている。

奈月はファストフード店で朝8時半から夕方の登校ぎりぎりまで働く。生活費を稼げない母親は奈月のバイト代をあてにする。

「この前、母親から高校辞めて風俗で働いて、って言われました。その方が稼ぎがいいからって。娘に風俗勧める親なんていますか？」。いら立ちながら一気にまくし立てた奈月はつぶやいた。「ほんと、親ってなんなんでしょうね」

でも、それは奈月の家では答えの出ない問いだ。母親には娘を追い込んでいるという自覚はない。

カレーライスを2時間半かけて食べた奈月。飲み物は飲むことができなかった

母子2人の生活は綱渡りだ。バイト代は多くて月5万円。これだけではどうしても生活は成り立たない。高校で出される給食が、その日唯一の食事ということもある。

「私はそんなにおなかすかないんで。母親も家では寝ていることが多いです」。16年に父親が亡くなってから、物を食べる意欲も失ったと奈月は話す。17年、医者から拒食症と診断された。

「32キロから体重が増えなかった。高校に上がる直前までは28キロで、もっとやせてました。去年、お医者さんに『死ぬよ』って言われたから頑張って35キロまで太ったんです」

父親は会社で管理職を務めていたため、奈月が小学校低学年の頃まで暮らし向きは安定していた。しかし、会社の経営が悪化すると、父親もリストラの対象になった。「リーマンショック」のあおりで県内にも不況が押し寄せていた。

再就職できずにいる父親は、働き口を探すことを諦めたのか家を出なくなった。代わりに母親が働くようになった。「お母さん、1人で働いてつらそうでした」。次第に両親のいさかいが増え、家の中の空気が緊迫するようになった。

「2人のけんかが始まると、ひたすら押し入れにいました。止める力もないし、物がバンバン飛んでくるんで」。嵐が収まった頃に押し入れを出ると、母親が手当たり次第に投げ付けた皿やコップのかけらが散乱していた。それを片付けるのは奈月の役目だった。

中学に上がる頃に両親が離婚し、奈月は母親に引き取られた。父親と離れてからも、母親は仕事だけは真面目に続けていたが、家で食事を作らなくなった。

家で口にするのはコンビニの菓子パンやスーパーの総菜になった。「温かい食べ物は苦手です。猫舌なんで。冷たい物じゃないと食べられない」

ジャージーの袖から伸びる奈月の手とむき出しの足は細く、冷え切っている。

父の死後、生活一変

働かぬ母背負って

「今行かなきゃ、お父さんに会えなくなる」。定時制高校に通う奈月は2016年の冬、授業中の教室を飛び出した。バスに乗り、父の友人が経営する店を目指した。なぜか、そこに行くと父に会える気がした。

バスに揺られ街に降り立った時、ふとわれに返った。「お父さん、死んじゃったんだった」。携帯を開くと、心配した友人や教師らからの着信が何十件も残されていた。友人に折り返そうとしたが、充電不足で電源が切れた。公衆電話を探して街を歩いた。その日から学年が変わるまでの間、登校できなくなった。

生前の父は離婚した後も、奈月をよく遊びに連れ出してくれた。「お母さんが怒りっぽいって知ってたから、いつも私のことを気にしてくれてた」。父と離婚した母は感情を爆発させ、奈月に物を投げ付けるようになった。母におびえていた奈月にとっ

住んでいる街を見下ろす奈月。母を背負う暮らしの見通しは立っていない

て、父は救いだった。

最後に言葉を交わしたのは中学3年のクリスマスイブ。その日は終業式で一緒にクリスマスケーキを買いに行く約束をしていたが、父は体調を崩して入院してしまった。

「買いに行けなくなってごめんな。退院したらケーキ食べに行こうな」。奈月に告げた父は入院直後に昏睡《こんすい》状態となった。「話し掛けても反応なくて。こんなになるなんて想像してなかった」。父は意識が戻らないまま息を引き取った。

父の死後「なんかおなかがすかなくなった」という奈月は、スクールカウンセラーに勧められて受診した病院で軽度の鬱《うつ》と拒食症と診断された。

ある日、奈月の口座に大金が振り込まれた。父の遺産だった。お金を手にした母は働かなくなった。

「始めは車のローンとか、借りてたお金の返済とかに充てていた。私はお母さんと離れたかったから、1人暮らしをしたいって言ったら許してもらえた」

母におびえずに済む暮らしで、いくぶん心も晴れたが、それも「お金がなくなった」という母の言葉で終わりを告げた。お金を何に使ったかは今も分からない。それでも、母が以前のように働くことはなかった。

状況を見かねたスクールカウンセラーが、母に生活保護など福祉制度の活用を勧めた。しかし、母は「行政の世話にはならない」と拒んだ。あてがあるのか尋ねた奈月に母は働くと返答し、実際に仕事を見つけた。しかし、出勤する気配はない。

「何日か前、『あんたの前の彼氏、お金持ってそうだったから頼んでみよう』って言ってきました。風俗で働けとか元彼に頼めとか、結局私をあてにしている」

何もかも捨てて1人で生きられたら――。そう願っても身動きが取れない。壊れてしまった母を背負う暮らしの終わりは、まだ見えない。

◇児童虐待通告、最多

性的虐待も倍増

沖縄県警が2019年に児童虐待事案で児童相談所へ通告した通告人員が1467人（暫定値）で、統計のある07年以降過去最多であることが県警少年課のまとめで分かった。

内訳は心理的虐待が1067人、身体的虐待203人、ネグレクト187人、性的虐待10人。

子どもの前でパートナーなどに暴力を振るう「面前DV（ドメスティックバイオレンス）」などの心理的虐待が約7割を占め、性的虐待も5年間で5倍増となるなど、県内での児童虐待が深刻化している。

20年1月下旬には沖縄本島中南部で、当時3歳と2歳の男児に熱湯でやけどを負わせたり、暴行したりした疑いで2人が逮捕された。

県警人身安全対策課のまとめでは、19年の県内でのDV相談件数は1082件で摘発件数は129件。15年からの5年間で過去最多となっている。

県警は通告人員数増加の背景について、児童虐待への社会的関心の高まりがあるとした上で、面前DVは児童虐待という認識が県民に浸透してきたこと、県警として面前DVの児相への通告を徹底していることを挙げた。

また、性的虐待の通告人員数が最多となったことについて県警は「深刻に受け止めている」とし、積極的に事件化して加害者を摘発することを推進しているとした。

近年、全国的に児童虐待による重大事件が続発した事態を受け、県警と県は19年8月に児童虐待事案での情報共有・連携強化を図るための「児童虐待防止対策に関する協定書」を締結。

県青少年・子ども家庭課の大城清剛副参事は「子どもは大人が守らないといけない。県として県警や各市町村、学校、病院など関係機関との連携を強化していきたい」と話した。

俺、ここにいるよ

親の気引こうと万引

通信制高校に通う健人(17)が初めて万引したのは小学2年生だった。コンビニでスナック菓子をランドセルに放り込み、堂々と店を出た。あらかじめランドセルは空にしておいた。店員に取り押さえられ、警察に引き渡された。

最初こそ、コンビニの店員も補導した警察も万引行為をとがめた。「こんなことしたら高い塀の中に入れられるよ」と言った警察官は、懲りずに同じ手口で万引を繰り返す健人にあきれ果てたのか「またお前か」「チャレンジャーだな」と言うようになった。

おなかがすいて盗んだわけじゃない。目的は両親の気を引くこと。それだけだった。「俺、ここにいるよ、ってお父さんとお母さんに気付いてほしかった。でも、誰もなんで万引するのか聞かなかったし、理由が寂しいから、なんて気が付いてくれなかった」。健人は悲しげに笑った。

健人は早生まれ。体も小さく、月齢の早い子どもたちより発達も遅れがちだった。上のきょうだいは勉強がよくできた。携帯電話や1人部屋を与えられたのも上のきょうだいだけだった。両親の気を引こうと始めた万引行為は自分への「しつけ」と称する暴力を生む理由になった。

父からたばこの火を太ももやふくらはぎに押し付けられた。全裸にされて、膝の裏に鉄パイプを挟まれ正座させられた。

次第に体の痛みを感じなくなったが、母からの暴言だけはいつまでたっても慣れなかった。「死ね」「お前なんか産まなきゃよかった」。否定的な言葉が健人の心を突き刺した。

万引行為を始めてしばらくして、健人専用の部屋が与えられた。きょうだいが使っていた1人部屋とは違い、そこは段ボール箱や夏服、冬服を入れた衣装ケースであふれる物置みたいな部屋だった。

小さなスペースを確保して、屋根裏で見つけたピアノの補助台と板を持ち込んで机を作り、勉強をしたり絵を描いたりした。家の中に家族はいるのに、健人はいつも独りぼっちだった。

誕生日を祝ってもらった記憶はない。小学4年の頃、ぬいぐるみを向かい合わせ、ケーキの絵を描いて、部屋で1人「ハッピーバースデー」を歌った。家族は全員別の階にいた。

「ちゃんと祝ってもらったことがなかったから、自分が本当は何歳なのか分からなくなった」

家出をして警察に保護され、児童相談所の一時保護所に入った。小学5年生の誕生日は児童養護施設の職員が祝ってくれた。「誕生日なんか別にいいよって言ったら、自分の生まれた日を祝うのは当たり前だっておじさんの職員が言ってくれた。うれしくて、泣きたくないのに涙が出た。名前は忘れたけど、そのおじさんの顔は今も覚えている」

初めて楽しいと思えた誕生日。今も、大切な思い出として心の中にしまっている。

非行エスカレート

施設脱走繰り返す

両親による虐待で児童相談所の一時保護所に保護された健人は、小学5年生の頃、自宅から離れた児童養護施設への入所が決まった。

「もうお父さんたちと一緒に暮らせないと思うと悲しくて、離れたくなくて、たくさん泣いた」。傷ついた健人を待っていたのは、予想外に楽しい生活だった。

職員は悪いことをすれば厳しく叱り、甘えたい時には甘えさせてくれた。誕生日にはケーキを買ってきて祝ってくれた。どれも健人が両親にしてほしいと願い、かなわないでいたことだった。

楽しいと思う一方で、離れて暮らす両親への思いも募った。両親に愛されて家で暮らしているきょうだいがうらやましかった。

数カ月後、両親との面会がかなった。外泊もできることになった。両親は昼すぎに健人を迎えに来た。「離れたくなかった」「なんで会いに来てくれなかったの」。だが、心の底の本音は口には出せなかった。

「限られた時間ですぐに会えなくなるし、楽しい方がいいって思って、そんな話はしないようにした」。両親は暴力を謝ることはなかったが、優しく接してくれた。レストランに行き、ごはんとケーキを食べた。「きょうだいは家に置いてきたって。２人を独り占めできてうれしかった」

小学校卒業を機に家に戻った。しかし、健人を待っていたのは暴力と暴言が繰り返される日常だった。両親は何も変わっていなかった。夜中、はだしで歩いて隣町の親戚の家に逃げ込んだ。いすに座ることのできない健人に気付き、親戚が健人の衣類をめくると、腰とおしり、太ももまでが青く変色していた。

健人はその後、警察に保護された。「家には戻らない」と警察に告げた。だが、いざ施設措置が決まり、両親と会えない日々が続くと「親に見捨てられた」との思いが強くなった。

学校をサボり、飲酒に喫煙、バイク窃盗と行為がエスカレートした。警察に通報され、両親に突き放される。悪循環だった。

児童自立支援施設に移った健人は、壁を乗り越えて脱走を繰り返した。「すごく窮屈だった」。ある冬の日、ヒッチハイクをして施設から20キロ近く離れた家を目指した。

実際にたどりついたのは地元の公民館。暗闇に隠れて眠ろうと考えていたが、建物に明かりがともっていた。窓から中をのぞくと、小学校時代に遊んだ同級生数人がいた。後から知ったことだが、そこでは「居場所」を兼ねた無料の学習支援塾が開かれていた。みんな、勉強をしたり、おしゃべりをしたりして楽しそうに見えた。

しばらくして自立支援施設から家に戻った健人は、公民館を訪ねては外のベンチで1人ぼんやりとするようになった。同級生たちは問題行動を繰り返していた健人の姿に戸惑い、声を掛けなかった。支援者だけは暗い目をした健人を放っておけないと考え、声を掛け続けた。「中に入っておいで」

半年ほどたって健人はようやく部屋に入ってきた。14歳の冬、健人は「信頼できる大人」とつながった。

認められる存在に

子ども時代を生き直す

親身になって話を聞いてくれる支援者と出会えた健人は、徐々に小学校時代の同級生とも言葉を交わせるようになり、高校進学を考えるようになった。

支援者は内申書を取ろうと奔走した。しかし、どの学校も、ほとんど登校しなかった健人に内申書を出してくれなかった。

「内申ゼロってこと。だから中3の時は受験できなかった。自分ってだめなんだなって思った」

支援者は健人の中学卒業後も学習面を支えた。1年遅れで通信制高校に通えることになった。登校は週2日。最初の1年間はほぼ1人で過ごした。「友だちをつくるのが面倒でさ」。本当は周囲にどう声を掛ければいいのかが分からず、孤立していた。

単独行動にも飽きて「退学しようか」と考えていた高1の終わり、何気なく言葉を交わした同級生と話が弾んだ。「そいつを通してどんどん友だちが増えた」。1人じゃ

暴力に耐えかねて家出を繰り返した健人は、公園でよく過ごした。信頼できる大人とつながった今、少しずつ歩みを進めている

ないというだけで世界が開けたと感じた。

美術の課題で提出した作品を教諭に評価されたことも「学校を続けよう」と思うきっかけになった。幼い時から1人で絵を描いていた健人にとって、絵を褒められるのは何よりうれしいことだった。


悪さをしていた頃の仲間とは付き合いを絶った。たばこや酒をやめ、窃盗など犯罪行為に手を染めることもなくなった。それでも両親は変わらず健人を殴り、罵倒した。家族に家の鍵を開けてもらえなかった日、仕方なく友だちの家に泊めてもらったが、翌朝帰宅すると、朝帰りを理由に顔が腫れるほど殴られた。

「たたかれると痛いけど、別にいいやって

思う。言葉よりまし。名前で呼ばれない方がきつい。俺、アホとかクズって悪い言葉でしか呼ばれないから」

理不尽だと思う一方で「一緒にいたい」との思いもいまだにある。「本当は俺さ、お父さんもお母さんも嫌いじゃない。ていうか、好きだよ。とっても好き。面と向かって言うことはこの先もないけど」。健人はつぶやいた。

学園祭ではクラスで食べ物屋を出した。「作る係で忙しくて大変だった。でもすごく人気でさ、商品は完売したぜ」。週2回開かれる無料塾に「皆勤」で通う健人は、学園祭で奮闘したことを誇らしげに報告する。向かいに座る支援者が目を細めて尋ねる。

「すごいねー、健人。売り上げはどのくらいあったわけ」「10万もあった!」。驚いた表情の支援者を目にして、健人はくすぐったそうに笑う。

健人が絵を描くのが好きなことを両親は知らない。子どもは存在を認められる経験を積み重ね、社会へ踏み出す力をつけていく。17歳の健人は信頼できる大人に支えられながら、子ども時代を生き直そうとしている。

社会とのつながり切れ…

親からの暴力や育児放棄、暴言などによって
傷つけられている子どもたち。
本章に登場した3人の体験をたどって見えたのは、
社会とのつながりが切れた親の姿である。
傷を負った子どもたちと、
子育てをする力の弱い親とを社会がどう支えればいいのか、
2人の識者に話を聞いた。

インタビュー

無視しない社会を

「つながり」の大切さ強調　佐々木尚美さん

ささき・なおみ　沖縄県立北部病院小児科医師。「子どもの居場所」づくりに取り組む団体「童家みちすー」を運営

沖縄県立北部病院小児科の佐々木尚美医師は、医療提供者の枠を超えて、貧困や虐待など厳しい環境に置かれた子どもに食事や生活、学習などを支援する「子どもの居場所」づくりに取り組む団体「童家《わらべや》みちすー」を運営している。

佐々木医師はこれまで、受診した妊婦全員の生活困窮度や子育て環境を聞き取り、支援や配慮が必要な妊婦を漏れなく把握するチェックシステムの運営などにも携わってきた。「子どもが好きで医師になった」と語る。医師として、子どもを産み育てることにサポートが必要な家族の話を聞き取りつつ、地域で親と子を支える「つながり」をつくるため、日々取り組んでいる。

子どもたちへの支援をライフワークにしようと決意したのは2005年頃。自身も診療などで関わりのあった子が虐待の疑いで受診したことがきっかけとなった。「家族のしんどさに気付かないでいたばっかりに、この子をこんな目に遭わせてしまった」。やんばる(沖縄本島北部)から虐待をゼロにすることを目標に活動を続けてきた。

子どもたちへの虐待が起こる要因として、虐待をする親も暴力を受けている場合が多いことに加えて「社会的な無視」が大きな要素としてあると指摘する。「暴力があっても、経済的に厳しくても、どこかとつながって無視されていない人は、何とかやっていく力を持っている。どこにもつながらず、みんなが無視している人たちは本当にしんどい」と語り、「つながること」の大切さを強調する。

医師は子どもの住所や家庭環境を知り得る立場にある。佐々木さんは「(医師は)ものすごく特殊な立場にある。だからこそ、無視してはいけないと思う。気付いた後に、自分たちで全部できないから、地域の『おせっかいおばさん、おじさん集まれ』という役割があってもいい」と語る。

常々、子どもへの支援には「地域のチームワークが必要」と感じてきた。医師としての立場だけではなく、サポートが必要な親子が「次につながれる場所」を求め、行政や福祉分野、地域の大人と積極的に関わりを持ってきた。

「しんどい親子はきっとサインを出している。それを無視していないか。『この人には話をしやすい』という大人とつながっていけるようにしていきたい」。1人の大人として何ができるか、佐々木さんは自らに問い続ける。

インタビュー

助けを求められず、孤立し力尽きる親

杉山春さん

すぎやま・はる　雑誌記者を経て、ライターに。『児童虐待から考える　社会は家族に何を強いてきたか』（朝日新書）では、厚木で男児の遺体が発見された事件をルポ、歴史と虐待の問題について考察し、新しい社会的養育ビジョンについて記した。『ネグレクト　育児放棄　真奈ちゃんはなぜ死んだか』（小学館）で第11回小学館ノンフィクション大賞受賞。他の著書に『ルポ 虐待 大阪二児置き去り死事件』（ちくま新書）など

ルポライターの杉山春さんは、児童虐待防止法施行直後の2000年12月、愛知県武豊町で起きた、21歳の両親が3歳の女児を段ボール箱に入れて餓死させた事件など3件の児童虐待死事件を取材した。加害者が幼い頃、ネグレクトを受けながらも、福

祉的支援はなく、「社会から見えない」という子ども時代を送っていた事実にも接してきた。

親が事件を起こすまでの経過をたどって見えたのは「子どもを虐待する親は残忍な人間」という社会のイメージとは異なり「虐待をした親も懸命に子育てをしていた時期があった」という事実だった。

三つの事件の親たちは周囲に助けを求められず、孤立した中で子育てをしていた。「困窮して子どもを育てる環境ではないにもかかわらず、そのことに気付くことさえできず、1人でなんとかしようとして力尽きていた。(子の虐待死を)親の責任だけに帰し、その置かれた状況を見ようとしない社会こそが、親子をネグレクトしているのではないか」と指摘する。

3組の親たちに共通するのは、さまざまな暴力を受け、自分が尊重されることのなかった生育歴だ。

「育ちの過程で、社会を信用する力を付けることができなかった。親となって子どもを育てる時に、周囲に自分の大変さを話してもいいこと、環境を変える力があることを知らずにいた」

杉山さんは事件の背後に、社会とつながる力を持てない親の姿があったと考えている。その上で「弱さを抱えた人間が助けを求めないことを『個人の責任』に帰すのは妥当ではない。これまで家族の領域とされてきた部分を公的に補わなければ、人が育ちようもない時代が来ていることを、社会が早く気付かなければならない」と強調する。

子どもの育ちを保障するには、安心で安全な場と守られているという感触が不可欠だ。杉山さんは親も同様に安全な場所に身を置いて初めて、他者に自分の置かれた状況を語ることができると論じる。

その上で、地域でも気軽にできることの一つとして「あいさつ」を挙げる。「声を掛けることで『あなたがいることを肯定していますよ』『いなくなってほしいと思っていませんよ』というメッセージを送ることになる。他者とつながるとほっとするという感覚を、互いに伝え合うことはとても大事なことだ」と指摘した。

第4章
「仲間」依存

夜の公園、アパートの一室に仲間を求め少年少女が集う。

彼らの多くは学校でのいじめや家庭の不和などがきっかけとなり、不登校になっていた。

会話が弾み、心が通い合う仲間が待っている場を求める彼らはいつしか「共依存」とも言うべきゆがんだ関係に陥り、飲酒や深夜徘徊《はいかい》、中には犯罪行為へ走る者もいた。

仲間依存はなぜ生まれるのか、何が彼らを引き寄せるのか。

集いの場となっている公園やアパートに足を運んだ。

いじめ機に非行

「青春は夜の公園」

中学3年生になるヒカリがいじめに遭ったのは1年の頃だった。大好きだった部活の仲間から、ある日を境に無視されるようになった。

「人間関係のもつれというか、うまくいかなくなって」。自分のことを「愛想がいい」と話し、いつも明るい笑顔を振りまく。それでも、いじめられていた時のことを思い出すと、言葉が詰まる。

同じ学校で友だちと呼べるのは、小学校から一緒だった部活仲間だけだった。その「友だち」が、声を掛けても何も返さなくなり、陰口のせいで新しいクラスメートとも仲良くなれなかった。楽しみにしていた中学生活は暗い気持ちで始まった。

いじめられるようになり、遅刻を繰り返した。無視されるたびに胸が詰まる学校での時間を少しでも短くしたいと思ったからだ。登校する時はスカートの丈を短くし、校則で禁止されているネイルをした。おしゃれが大好きということと、いじめている子に対する虚勢もあった。しかし、周囲の生徒や先生には受け入れてもらえなかった。学校はいじめに気付いていなかった。そればかりか、遅刻はサボりとみなされた。親を交えた学校側との話し合いでは担任から「怠けている」と言われた。自分が否定されたと思うたびにリストカットを繰り返し、手首の傷痕は増えていった。

中学2年の2月半ば、ヒカリは学校へ全く行かなくなった。「学校にいたら、教頭がやってきて『短いからスカートを下ろせ』って言うわけ。いつもは何も言わんくせに。言われた通り、腰のところで曲げていたスカートを下ろしたんだけど、切ってあるからそれでも短かった。そしたら『帰れ』ってめっちゃ怒られて」。その時のことを話すと、悔しさをはき出すように早口になってしまう。

普段は話すこともない教頭から叱責された瞬間、残っていた学校への信頼が切れた。その日の出来事は、脳裏から離れない。

その頃から、ヒカリはかばんの中に包丁を隠し持つようになった。「なんで包丁を持っていたのかは今でも分からない。誰かを刺そうとしていたとか、そういうんじゃない」。当時の心境は、自分でも説明できない。

両親は離婚し、父親はいない。母親はダブルワークで家計を支えている。学校に行かなくなったヒカリに、母親は「ちゃんと学校へ行くように」と口酸っぱく言った。

姉妹のように仲良く接していた母親と、唯一衝突してしまうのが学校のことだった。

かばんの中にある包丁を母親に見つかったが、叱られることはなかった。その代わり、母親は「学校に行け」と言うのをやめた。学校へ行かなくなった理由も包丁を持っていた理由もうまく説明できないが、学校へ行けと言われなくなり「ほっとした」ということだけは覚えている。

不登校になり、ヒカリは深夜徘徊を繰り返すようになった。学校と縁が切れ、別の中学校に通う小学校時代の友だちらと夜の公園に集まり、遊ぶようになった。そんな生活が2017年末まで続いた。やることと言えば「集まってゆんたく（おしゃべり）」。その時間が心の支えになった。

深夜の友だちのつながりで彼氏もできた。年上の彼氏はあこがれの存在でもあった。しかし、その彼氏はだんだんと嫉妬深さを見せていった。スマホをチェックし、友だちと遊ぶことを禁止した。最終的には一日中彼氏の部屋にいることを命じられ、軟禁状態になった。

そんなヒカリを支え、助けたのも、夜の公園に集まっていた仲間や母親だった。

「私にとって学校は青春の舞台じゃない。青春は公園」とヒカリはつぶやいた。

「怖い大人」消えた

家に帰らぬ生活

リョータ(15)が学校へ行かなくなったのは小学校高学年の頃だ。「今が楽しければ、何でもいい」。そう思い、夜の街へ何度も繰り出した。

小1の時、いじめに遭った。学校での思い出は泣いていることだけ。「何をされていたのかは記憶にない。ただ、嫌な気持ちだけが残っている」

家庭の事情で小2の時に転校した。新しい学校では担任にいたずらをして楽しんでいた。授業中、席を立って友だちとおしゃべりしたり、ガムをかんだり。担任から何度も怒鳴られた。「かまってもらいたかったのかもしれない」と当時の心境を振り返る。

小4になり、二つ年上の先輩と遊ぶようになった。先輩は小6で髪を染め、たばこを吸っていた。脅されて一緒にいたわけではない。「先輩と一緒にいると楽しかった」からだ。リョータも興味本位でたばこを吸った。「不良」という言葉を知る前のことだった。

学校で教師に反抗的な態度を取るのはリョータだけではなかった。通っていた学校では授業中に携帯電話をいじる児童が多く、学級崩壊したクラスもあった。「自分はその中の１人」という感覚だった。

リョータは何度も遅刻した。ある日、たまたま登校が給食時間に重なり、周りの児童がいる中で教師から「給食を食べるために学校に来ているのか」と言われた。恥ずかしさと怒りが湧き、それ以来、学校から足が遠のいた。

小６の時、夜の外出を止めようとする母親を初めて押し倒した。口うるさく注意していた母親より、自分の力が上回っていることに気付き、母親に対する感情が変わった。「母親は嫌いじゃない。迷惑掛けていることも申し訳ないと思っていた。けど、怖いとは思えなくなった」

両親は幼い時に離婚し、母一人子一人で育った。リョータにとって「怖い大人」の存在は消えた。

中学に入ると、学校へは行かず、近くの公園にたむろするようになった。「そこへ行けば、誰かに会える」。公園は安らぎの場だった。たばこを吸っているのを警察官に見つかり、友だちと散り散りばらばらに逃げることさえも面白かった。

「もうちょっと遊びたい」という思いは日に日に膨んだ。友人の家を転々として、気付けば家に帰らない生活になっていた。「たしま（他島＝校区外）」にも行くようになった。

LINEやツイッターを通じて県内全域に仲間が増えた。24時間営業のファストフード店に入り、ハンバーガー一つと水だけで夜を明かすこともあった。遊び相手を欠くことはなかった。酒や食べ物を買うお金はいつも誰かが出していたが、誰が出していたかは覚えていない。リョータも母親の財布から抜いた金で仲間におごっていた。

酒やたばこは盗むと仲間にばかにされるため、コンビニで大人の客に頼んで買ってもらっていた。スーツを着たサラリーマンも、大学生らしき女性も、昼間から酔っぱらっているおじさんも、頼んだら買ってくれる人は多かった。遠出したい時もコンビニに車を止めている人に声を掛け、乗せてもらった。車を探すのは女子と一緒にいる時にうまくいく。女子に声を掛けてもらい、ドアを開けた瞬間に同乗することもあった。

「頼み買い」や乗車に応じてくれる大人たちに下心を感じ、心底軽蔑していた。「頼れるのは、大人じゃなくて仲間だった」

窃盗に「うきうき」

関係断ち切れず葛藤

盗む時はうきうきしていた――。バイク窃盗をしていた時を振り返る中学3年生のリョータは当時の心境を思い出し、表情を曇らせる。罪を犯して「うきうきする」という感覚。あれから2年たった今も、当時の自分の気持ちを理解できずにいる。

明るいうちに家の近所に駐車しているバイクを見て回り、暗くなると目星をつけていたバイクを手で押し、秘密の場所に隠すだけだった。その後、鍵や電気系統を細工して乗れるようにするのは先輩の役割だ。「ハンドルロックが掛かっていないイチニーゴ（125ccのバイク）は結構ある。簡単だった」

中1の頃、リョータの世代は2歳年上の先輩に仕切られていた。集団には暴走族か暴力団をほうふつとさせる名前も付いていた。「特攻隊長」といった〝役職〟もあった。トップはもちろん2歳年上の先輩だ。恥ずかしいと感じ、自分からその集団の名前を出すことはなかった。

少年少女が集まることの多い夜の公園

バイクを盗むことを言い出したのも、その先輩だ。既に自転車窃盗を繰り返していたリョータや同級生は、先輩の指示にも抵抗せず、楽しみながら連続バイク窃盗に手を染めた。

盗んだバイクを乗り回すのも楽しみになった。ガソリンが無くなれば、無人のセルフスタンドで入れた。主に近所で乗り回していたが、見つかるとは少しも考えていなかった。

「その時の行動範囲は自分の中学校区（沖縄本島中部）の中だけ。北谷《ちゃたん》なんてものすごく遠い場所だと思っていたし、沖縄市という場所があることも知らなかった」。小さな世界がバイクで広がり、楽しさは最高潮に達した。

しかし、リョータらの犯行はすぐにばれ、警察の取り調べを受けた。13歳だったリョータは刑事責任を問われず、児童相談所の一時保護所に送られた。知らない人ばかりの保護所になじむことができず、短期間の入所中に逃走したこともあった。

その後、家に戻り、中3になったリョータは高校進学を目指して勉強に励むようになった。離婚後、仕事を掛け持ちしながら家計を支えた母親や、真剣に叱ってくれた周囲の人々の期待に応えたいという感情が湧いた。「今さえ楽しければいい」という考え方が少しだけ変わった。

しかし、ほとんど学校に通っていなかったため、勉強の仕方が分からない。中間・期末テストの存在や、成績の順位を「席次」と呼ぶことも、中3になってから知った。初めて受けたテストの席次は、下から数えた方が早かった。それでも「保健体育はけっこう点が取れた」といい、達成感もある。

勉強を兼ねて毎日のように書く作文には、今までの非行内容を書き連ねている。自然と反省の言葉が文面に並ぶ。だが、友人や先輩の関係はなかなか切ることができない。今でも友人とたばこを吸うことがある。

「今さえ楽しければ」という気持ちと「今、変わらないと」という気持ちのはざまで、リョータの葛藤が続く。

◇「頼み買い」横行

酒やたばこ、容易に入手

酒やたばこを入手している沖縄県内の未成年者の多くは、コンビニやスーパーの出入り口で待機し、店に入る大人に購入を頼んでいる。この手法は「頼み買い」と呼ばれるという。店舗が未成年者に酒やたばこを販売することは禁じられているが、県内では大人の客を介することで、未成年者が容易に入手している実態がある。

本島中部に住む少年(14)によると、酒やたばこの入手方法は、主に「家から持ち出す」「盗む」「頼み買い」の3種類という。少年は「酒やたばこが常に家にあるとは限らない。盗むと貧乏と思われ、仲間内でも嫌われてしまうかもしれないから、頼み買いを利用することが多い」と話した。

近年流行している電子たばこを所持している本島北部の少年(15)は「友だちのいとこが成人しているので、その人に売ってもらった」と話した。

別の少年(15)は「2、3人に声を掛ければ1人は応じてくれる。『頼み買い』は結構簡単だ」と証言した。頼み買いを発展させ、コンビニなどの駐車場で車を止めている人に声を掛け、ヒッチハイクすることもあるという。

たばこ自動販売機の成人識別カード「タスポ」を所持している未成年者も多い。タスポはネット掲示板などを通じ5千円前後で取引されているという。

宮古島署は管内のコンビニ7店舗の関係者と本部社員らを招き、「コンビニ防犯連絡協議会」を開いた。コンビニ側から酒の販売を断られた未成年者が、大人の客を伴って再来店して酒を購入する「頼み買い」とみられる事案があり、販売する店側は法的責任を問われるか質問があった。同署は「積極的に販売すると店側と大人の双方が違法になる可能性もある。まずは販売を断ってほしい」と指摘した。

同署生活安全課の大城巖課長は「店側は未成年飲酒禁止法に、酒を買わせた大人は青少年保護育成条例に問われる可能性がある。まずは販売を断り、トラブルがあれば連絡してほしい」と話した。

大人いない「居場所」

「自分でいられる」

2018年1月、沖縄本島北部のアパートの一室に男女4人の中学生が集まっていた。部屋ではそのうちの1人、ミサキが父親と2人で暮らしている。仕事で父親がいない日中に、気の合う仲間が時々集う。

この日は平日だった。集まっているのは、学校へ行っていないか、行ったけれども校則違反で帰された子だ。一番年上のユウヤは「髪型が違反している」と言われ、校内に入れてもらえなかった。襟足が少し長いが、教師に言われるまでは校則違反だとは思っていなかった。

最年少のコウジは「1分だけ」学校に登校したという。学校へは行かないことの方が多いが「ちょっと先生の顔でも見ようかと」と、軽い気持ちで校門をくぐった。ところが服装違反を理由に帰されてしまった。両親は共働きのため、帰っても家には誰もいない。

タケシは同級生のユウヤの兄から買ったという加熱式たばこを吹かしていた。大人不在の部屋では、タケシを誰も注意しない。タケシが加熱式たばこを吸っていると、ユウヤとコウジも自分のものを吸い出し、あっという間に部屋は煙で充満した。

4人は別々の学校の生徒だが、「学校に行かない」という同じ境遇の仲間同士だ。おしゃべりは尽きない。先輩の話、学校の先生の話……。声を録音し、おうむ返しに音を発するだけの人形も、一緒にいれば楽しい遊び道具になった。テレビにつないだままのゲーム機や棚に並んだ漫画には目もくれず、ただひたすら会話を楽しんだ。部屋に住んでいるミサキは、体調不良と言って布団から出ようとせず、3人の声を聞いて笑い声を上げるだけだ。

部屋がいつからたまり場になったのか誰も覚えていない。ただ、中学3年のミサキの机には、小学校4年の時の時間割が張られたままになっていた。

同じ日の夕方、隣町に住む中学3年のアヤコもミサキの家に向かっていた。ミサキとはSNSで知り合った仲だ。1年ほど前、学校行事でミサキの家の近くに行く機会があり、連絡を取った。会うのは初めてだったが、すぐに意気投合し、親友になった。

アヤコが住む集落は小さく、学校の学級数も少ない。いじめに遭ったが、校内に逃げ場はなく、教室では自分をひたすら隠していた。でもミサキの家では何でも話せた。

初めてミサキと会った日、「ありのままの自分でいられる場所を見つけた」と、SNSでつぶやいた。

アヤコは中学を卒業した後は高校へ行かず、家を出てミサキと一緒に住もうと考えている。父親にもその思いを伝えた。「1年くらい一緒に住んでお金を貯めて、ミサキの家の近くにアパートを借りる。そしたら誰にも迷惑を掛けない」。思い描くのは、ミサキのそばでずっと一緒に過ごす未来。ミサキがいなければ生きていけない、そんな思いをぶつけた。

アヤコは以前、ミサキと一緒に酒を飲んで酔っ払い、公園で保護されたことがある。そんな2人が一緒に暮らすことを、男手一つで育てた父親は心配した。だが、学校でのつらい体験を癒やしてくれたのもミサキだということを知っていた。

アヤコの父親は、自分の思いを整理しきれずにいた。自身も病気で失職し、新しい仕事が見つかったばかりで、生活も不安定だった。「高校ぐらいは行ってほしいが、もう（アヤコが）決心してしまっているから……」と力なく言葉を漏らした。

中1飲酒、2人昏睡

救急通報、人工呼吸も

那覇市若狭の公園に、13〜17歳の男女4人が集まっていた。時刻は深夜0時。先輩、後輩の間柄だが、上下関係を感じさせない仲の良さで会話が弾む。

最年長の少年が手に持つビニール袋には、お菓子のほかに、封が切られた泡盛の瓶が入っていた。少年らは「これから友だちの家に行く」と話し、楽しげに公園を去った。深夜を徘徊する少年少女にとって「飲み会」は遊びの一つになっていた。

「やばいと思った。どうしていいか分からず、心臓がばくばくしていた」。ジュンヤ(15)は「飲み会」で一緒に酒を飲んでいた友人が目の前で急性アルコール中毒になり、119番に通報した経験がある。

2016年の冬のことだ。ジュンヤはいつものように、他校の生徒を含む7人くらいの集団で中部の公園に集まり「飲み会」を始めた。見慣れない中学1年生の女子2人も輪に加わっていた。仲間の誰かが連れてきたという。知らない人が交じるのは

「よくあること」。気にもとめず泡盛やビール、酎ハイを飲み続けた。中1の2人は、大きな声で笑ったかと思えば、急に泣き出すこともあり、感情の起伏が激しくなっていった。「飲み慣れていないんだな」と、その時は気にならなかったが、2人の様子は次第に深刻なものになっていった。地面に寝そべり、たまに大きく息を吸っては静かになることを繰り返した。しまいにはぴくりとも動かず、昏睡状態となった。

「救急車、呼んだ方がよくね?」。誰かが言い出し、ジュンヤは119番通報した。近づいてみると2人とも息が止まっているのが分かり、ジュンヤは人工呼吸を試みながら救急車の到着を待った。「やばい、やばい」。焦りで鼓動が速くなるのを感じた。

救急車はすぐに到着し、2人の処置は救急隊員に引き継がれた。隊員が警察に通報しているのに気付くと、公園にいた仲間とバラバラになって逃げた。後日、2人が大事に至らなかったことを人づてに聞いた。

高校受験を前にして、ジュンヤは酒をやめた。今感じるのは「酒は別に必要のないものだ」ということ。ただ、友だちが今も酒を飲み続ける気持ちは理解できる。

「今はどぅし(友だち)と連絡を取っていないけど、何やっているのかは想像がつく。公園か誰かの家で酒飲んでいるはず。集まれば誰かしら酒を持っているし、酒を飲もうと言えば人が集まりやすい。飲む動機は大人と同じだと思う」

◇未成年、飲酒搬送43人

運転中の事故も

飲酒絡みで救急搬送された未成年者が２０１７年の１年間で少なくとも43人いたことが、琉球新報社が18年に救急医療センターなどがある沖縄県内25の医療機関を対象に実施したアンケートで分かった。20医療機関が回答を寄せた。43人のうち、18、19歳が22人で約半数を占めるが、中学生以下に相当する15歳以下も12人いた。交通事故や意識障害など命に関わる事例もあった。低年齢から飲酒できる環境があり、飲酒によって県内の少年少女の身体に危険が及んでいる実態が浮かび上がった。

搬送理由はアルコール中毒（疑い含む）が30人で、飲酒運転に伴う事故などの事件・事故が９人、その他が４人だった。飲酒だけでなく、飲酒に伴う事件・事故の危険にもさらされている。年齢別では19歳が最も多く12人、次いで18歳が10人、17歳が６人、12歳以下が４人、13、15、16歳がそれぞれ３人、14歳２人となっている。男女別は男性が26人、女性が17人。

路上で倒れていたのを通行人が発見し、通報した事例もあった。処置の遅れによる重症化や、事件・事故に巻き込まれる可能性があり、医療関係者は飲酒による子どもの「路上寝」の危険性を指摘している。

10歳以下の未成年は、アルコール誤飲による中毒症状を起こす例が多い。自らの意志でアルコールを飲んでいた小学生もいた。最年少は1歳で、誤飲が原因だった。居酒屋で家族と食事中、ジュースと誤って出された酎ハイを飲んだ10歳児が搬送された事例もあった。

搬送先の医療機関の中には、急性アルコール中毒に伴って重度の意識障害を来した患者や、飲酒後に事故などに巻き込まれ骨折や内臓損傷など重傷となった患者を受け入れた事例があることもアンケートで明らかになった。

アルコールを摂取した未成年の来院患者10人を受け入れた県立南部医療センター・こども医療センターには、外傷を伴う患者の搬送があった。飲酒後の事故で16歳男性が右ほほ骨折や右眼窩《がんか》底骨折などを負った例や、18歳女性が出血性ショックや肝損傷、腎損傷、肺挫傷、頭骨骨折などを負った例があった。

福岡県の救急医療機関でも勤務経験がある同センターの梅村武寛救命救急センター長(現・同センター医療部長兼救急科部長)は「県外では飲酒絡みで10代が搬送される事例はまれだ。小中学校の年齢ではほとんど聞かない」と述べ、搬送数自体の多さや、低年齢層も一定数いることが沖縄の特徴だと指摘。「沖縄で搬送された未成年に聞くと、ほとんどが2〜3人の少人数で家の中で飲んでいる場合が多い。未成年の飲酒が日常化しているのではないか」と推測した。

アルコール依存症が専門で、若者の飲酒問題に詳しい琉球病院の福田貴博臨床研究部研究員は「10代までは脳が未発達な状態で、初めて飲酒をした年齢が若いほどアルコール依存症になりやすい。13〜15歳での搬送があることは問題だ。親の飲み方や、飲酒に寛容な環境があることが強く影響しているのではないか」と指摘する。

さらに、「女の子の場合は酒だけではなく、性や経済的問題などの複合的な問題を抱えている場合がある。子ども、さらには女の子という、本来は大人が守らなければいけない対象にひずみが出ている」と懸念を示し、「未成年飲酒は大人に責任がある。親だけではなく、子どもに危険を教える大人の存在が必要だ」と呼び掛けている。

バイクは「相棒」

事故っても乗り続け

「特に目的はない。北谷から走り始めて、ミュージックタウン(沖縄市)に行ったり、那覇に行ったり。ただ、走るだけ」

２０１７年10月末のハロウィーン暴走に繰り出した少年は、その日のことを話し出した。８月29日の「パニック暴走」、９月28日の「逆パニ」。語呂を合わせただけの日を少年少女は一大イベントにして、バイクで夜の街を走る。

ユウタ(17)は中学卒業後、すぐにバイクの免許を取得し、毎日のように乗り回している。通勤にも、遊びでも不可欠。バイクは「相棒」だ。

16年のハロウィーンの夜、沖縄本島中部の北谷までバイクを走らせていたら、道路沿いのスーパーから出てきた車と衝突した。「左足が根元から折れ、ぐにゃぐにゃになった。自分の足じゃないみたいだった」。レントゲンで見た足の骨は、信じられな

事故で大けがをしながらもバイクに乗り続けるユウタ

いほどばらばら。ボルトで骨を固定する手術を行い、リハビリを重ね、退院するまで半年を要した。今も大腿骨はボルトで固定されている。

しかし、退院後もバイクに乗るのをやめなかった。17年の旧盆、夜通し友人とツーリングを楽しんでいた。明け方、前方を走っていた友人のバイクが右カーブで膨らみ、ガードレールに接触したのが見えた。かなりのスピードを出しており、バイクはそのまま転倒。友人は道路上にうずくまった。

急いで駆け寄ると、友人の顔面は血だらけだった。白い服は真っ赤に染まっていた。「うーっ」とうなり続け、声を掛けても全く反応しなかった。その後、救急車で病院に運ばれ、友人は一命を取り留めた。

自分が大事故に遭い、目の前で友人が大けがを負っても、ユウタはバイクに乗るのをやめない。親友の1人、オサム(17)を後ろに乗せ、走行中に運転を交代する「危険な遊び」もしている。

中学卒業後、16歳で社会人の一員になった。バイクの免許を取得したのは中学の頃からのあこがれに加え、車の免許を取れる年齢ではなかったためだ。それ以来、バイクは日常生活に欠かせない存在だ。

働きながら、動画投稿サイト・ユーチューブでバイクを改造する技術を学んだ。自分のバイクに装飾を施すだけでなく、ネットでおんぼろのバイクを買って整備し直し、販売することもある。得た金は生活の糧だ。

「バイクは大事っしょ。バイクがない生活は考えられない」。ユウタにとって、バイクはただの遊び道具ではない。

傷つき、身寄せ合い

家や学校で居場所をなくした中学生らが、
同じ境遇の仲間と身を寄せ合い、夜の街へ繰り出す。
少年少女は飲酒や喫煙、バイク暴走などの「非行」に走り、
同年代の学校の友だちや教師、親との距離がどんどん離れ、
独自の世界をつくり上げていく。
かばってくれるはずの大人に裏切られた少年少女もおり、
非行の背景には大人の存在も見え隠れする。
非行から立ち直るには、非行に走らないためには何が必要なのか。

インタビュー

周囲の大人に支えられ、非行から更生

與古田亮希さん

よこた・りょうき　1993年沖縄市生まれ。ボランティアグループ「HOME」メンバーとして、北谷町を中心に県内の遊び型非行の子どもたちの居場所支援に携わる。2013年の発足から関わった子どもたちは100人を超える。警備保障会社「ホーム人財セキュリティ」を経営しながら、沖縄県中部雇用主会の監査として、少年院や刑務所を退所した人々の就労支援にも取り組んでいる

北谷町のボランティアグループ「HOME」で、少年少女らの居場所づくりに取り組む與古田亮希さんは10代の頃、非行の道へと走った。自身の経験を基に、少年少女らの立場を支え、導き役となるべく活動を続けている。

與古田さんの父親は暴力団関係者だった。事務所と一緒だった家に入れ墨の男が出入りし、組員同士で殴り合う様子を見たことがある。警察が家宅捜索に入ることもあり、父親の都合で住む場所は転々とした。

物心がついた頃、父親の稼ぎはなかった。父親が暴力団関係者という理由で生活保護などの公的支援は受けられず、ガスや電気はたびたび切られた。與古田さんは振り返る。「今、世間で取り上げられている『貧困』とは比べものにならないぐらい苦しかった」

「(母親を)殺してしまうから、警察を呼んでくれ」。中学1年生の頃、父親からこう頼まれた。父親は母親に日常的に暴力を振るっていた。警察沙汰の末、両親は離婚し、その頃から與古田さんの非行が始まった。

最初は授業を妨害したり、隠れてたばこを吸ったりする程度だった。その後、飲食店で働きだし、学校には行けなくなった。非行の歯止めは利かず、建物に火を付けたこともあった。友だちの親からは「あの子と遊ぶな」と疎んじられた。学校の先生は見て見ぬふりなのか、何も言わなくなった。

転機となったのは中学3年生の頃。新しく赴任してきた担任が親身になってくれた。毎日メールを送り、話をしてくれた。

「この先生に見捨てられたくない」。その一心で勉強に励んだ。母親も生活が苦しい中で家庭教師を付けて応援してくれた。

猛勉強で高校に入ったが問題を起こし、無期停学となった。停学中は工事現場でとび職として働いた。その時も、現場で働く年上の男性から「学校に戻った方がいいよ」と勧められ、学校に謝り、復学した。

與古田さんは高校を卒業後、沖縄大学に進学した。経済を学び、現在は北谷町内で警備会社を経営している。働きながら、2013年10月から始めた「HOME」のボランティア活動で関わりを持った少年少女は100人以上にもなった。

與古田さんは道を踏み外そうとした時に周囲にいた母親や担任など「周囲の大人」に支えられたと振り返る。現在、大人の立場で支える側となった。「子どもには子どもの意見があるし、家庭環境の話を聞いていると、子どもが被害者だと分かる。いつでも『子どもの味方』として、一人一人に合った支援を続けていきたい」と力強く語った。

インタビュー

沖縄の「ヤンキー」調査

30代まで続く先輩支配

打越正行さん

うちこし・まさゆき　1979年生まれ。社会学者。特定非営利活動法人　社会理論・動態研究所研究員。著書に『ヤンキーと地元　解体屋、風俗経営者、ヤミ業者になった沖縄の若者たち』(筑摩書房)

沖縄国際大学南島文化研究所・研究支援助手の打越正行さんは、2007年から現在まで沖縄の暴走族やヤンキーの若者への調査を進めてきた。暴走族を原付きバイクで追走し、建設現場で共に働きながら調査を重ねた。

調査を始めた頃に出会った若者たちは20代、30代となり、建設業、夜の仕事、金融業などの仕事に就いている。打越さんは「彼、彼女たちは低賃金で不安定な雇用に就き、生活では暴力が発動しやすい過酷な状況に置かれている」と語る。

調査で打越さんは、沖縄の若者が生きる地元の支配的な「しーじゃ（先輩）・うっとぅ（後輩）の関係」に注目した。上下関係は30代まで続き、その関係が遊ぶ時だけでなく、仕事や生活にまで幅を利かせていたという。

その上で2歳年上の先輩の仕切りでバイク窃盗を働いていた中学1年の「リョータ」（129ページ参照）の例を挙げ、10年前の若者との変化に着目する。

「中2の先輩が空洞化している。つまりヤンキーの若者も減っているということだ。かつてなら、中1を仕切るのは中2が行うことで、中1にとっては中3の先輩たちは、直接命令したり、くるされ（殴られ）たりすることがないという意味ではむしろ『やさしい先輩』だった」

その上で、打越さんは「ヤンキーが減ったことで、彼らの生活や仕事は特定の地元やそこでの人間関係で完結しなくなった。本章では『知らない人』の交じった公園での飲み会のくだりがあるが、そのような事情から生じた場と読み取れる」と考察する。

現在の10代は地元の厳しい上下関係から解放された一方で、不特定の「仲間」に依存していると見ている。

「彼らに声を掛けるのは、地元の特定の『やっけーしーじゃ（やっかいな先輩）』から、不特定の『たしま（他島＝校区外）』の人間になった。今後、違法就労する大人から声が掛かるだろう。少年たちを支援対象から外すことは、暴力や犯罪の世界に投げ込むということだ」と指摘した。

第5章

母になって

10代で妊娠し、子どもを産む決断をした少女たちがいた。
新たな命を育もうとする彼女に対する周囲の目は
必ずしも温かなものではなかった。心ない言葉に傷ついた。
相手の男性の頼りなさに憤ることもあった。
出産・育児、経済的自立、学業との両立。待ち受ける課題と向き合い、
不安に押しつぶされそうになる少女を支えるのは
身近な大人たちだった。若い母親となった少女と、
彼女を支える親たちに会い、話を聞いた。

「若いから何？」

周囲の「偏見」感じ

18歳で母親になったハルカは2018年の春、役所の子育て担当窓口を訪ねた。夫の収入だけでは子育ては厳しい。娘の保育料が少しでも安くならないか相談に乗ってほしかった。

悩むハルカに窓口の職員はため口で返した。「そんなの無理だよ。税務課に行ったら？」

別の窓口では、職員が子連れの母親に丁寧に対応していた。いら立ちを抑えることができず、ハルカは「もう、いいです」と言い残して窓口を後にした。

「いつもこうだ、自分への対応が雑だ」と役所に行くたびに思う。1年前の出来事も忘れることができない。娘の出産後に夫の親戚と初めて顔を合わせた。高齢の女性は、ハルカの顔を見るなり「若いお母さんだね。あんた、どうせ粉ミルクでしょ」と言葉をぶつけてきた。

ハルカの膝の上でリンゴジュースをおいしそうに飲む娘

あまりに突然で言い返すことができなかった。「母乳で育ててるし。それに粉ミルク飲ませてる人は悪い親ってこと?」

「どうせ」という投げやりな言葉で決め付けられたことが悔しくてたまらなかった。横にいた夫は、ハルカの気持ちには気付いていなかった。

10代で子どもを産んだ少女に対する周囲の目は厳しい。若い母親は無遠慮な言葉やまなざしに傷ついている。

「外に出ると、知らない人たちが子どもじゃなくて自分の顔を見て『あんた、若いね』って言ってくる。責められてるような気になる」とハルカはこぼす。

「若いけど、若いから何?」。言葉にこそしないが、ハルカはつい攻撃的な態度を取ってしまう。

「あの人たち、自分が育児放棄してるとでも思ってんのかな？　ちゃんとやってるのに」

そんな悔しさに一番に共感してほしいのは夫だが、親身に話を聞いてくれることはない。やり切れなさが募る。

ハルカの母（40）も10代で出産した。娘の気苦労を知っているつもりだ。愚痴を聞き、孫を預かることもある。ハルカに気分転換してほしいからだ。「子どもを産んでから表情も口調も優しくなった。よくやっているって思う」とハルカをねぎらう。

若年の母親の支援に携わる保健師の１人は「彼女たちは、『若いから』と特別視せずに、他のお母さんたちと同じように接してもらいたいのだと思う」と語る。その上で「子育て頑張っているね、赤ちゃんかわいいね、という声掛けでもいい。否定せず、若い母親を周囲が認めることが重要だ」と話す。

娘を抱き、ジュースを飲ませたハルカは「分かってくれる人はいるから、偏見には負けない。この子のためなら頑張れる」。そう語り、娘に穏やかなまなざしを向けた。

家計やりくり、家族守る

結婚後に借金発覚

定時制高校で学びながら働いていたハルカは職場で夫と知り合った。仕事ができて、誰からも頼りにされる上司だった。しばらくして交際が始まった。

18歳になり、ハルカは妊娠した。「いつもは順調な生理が遅れてて。最初は鎮痛薬の飲みすぎって思ってた。でも、翌月も遅れて」。思い切って相談した先輩の勧めで、妊娠検査薬を買った。結果は「陽性」だった。

「うれしい、でも、どうしよう」。濃く浮き出た線を見て頭が混乱した。

当時の心境を「喜びと不安の半分ずつだった」と表現する。「そんな言ったら、周りの人は『じゃ、最初から避妊しろよ』って思うかもしれないけど、あの時は、まさか自分が妊娠するって思ってなかった」

「できたかも」。検査薬の結果をスマホで撮って、男性にメールで送った。「病院に行こうな」と男性。

翌日2人で産婦人科に行き、妊娠初期と診断された。「病院帰りに『産む』って話をした。最初から堕《お》ろすつもりはなかったから。そしたら彼が『うん、じゃあ、産もう』って」。出産を否定されないことにほっとした思いにもなった。

夫に数百万円の借金があると知ったのは、反対する両親を説得して結婚を許してもらった後のことだ。「今になってこんな言うの?」」。黙っていた夫に怒りをぶつけたが、ハルカはすぐに返済計画を立て、家計のやりくりを始めた。

スーパーでの買い物は週に1度。酒は安価なパック入りを買い置きし、夫に「家飲み」をしてもらっている。毎朝、夫に渡すのは千円のガソリン代とお弁当だ。携帯電話のポイントを使っておむつを買うこともある。

毎朝5時半に起きて、会社で働く夫の弁当と朝食、娘の刻み食(料理を細く刻んだ食事)を作る。ご飯を食べ終えて出勤する夫を見送ると、娘の登園の準備。保育園に預けた足でパートに出る。自分の給料は保育料や食費に充てている。「弁当作るのも出費を抑えるためですよ。弁当買うだけで1日500円とか使われたらばかにならないから」と話す。

こうして月6万円ほどを捻出し、返済に充てている。4年後に全て返し終えたら、家族のための貯金をしたいと考えている。

家計をやりくりして、ハルカは一家3人の生活を守っている。両親が子育てを手伝ってくれるのが大きな支えだ。夫は子育てにはあまり積極的ではない。おむつを替える手もぎこちない。

でも、ハルカは理想の父親像を抱く。「ダンナがサプライズで娘にお土産を買って帰ってきてくれないかと思っている。まだしてもらったことないけど、いつかしてくれないかな」

そう明かし、ハルカは笑顔を浮かべる。「正直、借金返す生活は予想してなかった。でも平気。この子がいるから。ダンナのことも『しっかりしてよ』って叱り飛ばしてますよ」

妊娠、学校を離れる

「マーマー、ごめん」

ゆきか(18)が妊娠したのは、高校2年の夏。最初に気付いたのは、母(48)だった。

「あんた、もしかして妊娠してるんじゃない?」。だるそうにして、嘔吐を繰り返すゆきかに、母が言った。

「夏バテだはず(だと思う)」と返したが、確かに体がだるい。生理も来ていない。そのことに気が付いたゆきかは、同級生である交際相手の男性に妊娠検査薬を買ってきてもらった。

スティック状の検査薬を眺めて男性と2人で結果を待つ。しばらくして妊娠を示す色の濃い線が浮き出た。

「最初はほんとに夏バテかなって思ってた。でも、結果見た時『やっぱり』って思った。彼氏に捨てられないかって思って、不安だった」

予想していた反応と違って男性は喜び「産もう! 育てよう」と言った。厳格な親

ゆきかが高校時代に使っていた教科書。今も本棚にきっちりと並べられている

とうまくいかず、家の中で孤立気味だった男性は、自分の家庭を持つことへの強いあこがれがあるようだった。

「この人と家族になるんだ、子どもを産むんだ」。男性の言葉にほっとしながらも「マーマーにまた迷惑を掛ける」と新たな不安に襲われた。

母は父と離婚後、1人で子どもたちを育てていた。当時、下のきょうだいは小学校に上がったばかりだった。

妊娠を知った母は「産むな」とも「産んで」とも言わなかった。ただ「しばらく学校休みなさい」とだけ言った。高校に連絡して、数日間休ませた後、担任に再び電話をかけた母は、ゆきかが妊娠していることを打ち明けた。

通っていた高校と何度も話し合った。当初は、いったん休学して、また通い続けようと考えていた。しかし、もともと休みがちだった学校に大きなおなかを抱えて通学し、出産後に本格的な育児が始まるという今後の生活を具体的にイメージすると、通学は難しいと考えるようになった。学校側は悩むゆきかと母に、休学のほかに定時制、通信制の高校への転学の道もあると説明した。

最終的には、就学継続に悩む県立高校の生徒を支援する「高等学校生徒就学支援センター」に籍を置き、出産後に定時制高校を受験し直すことを決めた。

学校から離れることを決めた日、校長室を出て校内を歩いていると、部活動に励む友人たちが次々と声を掛けてきた。

「ゆきか、いつ学校に来るば！」「早くおいでよ！」

無邪気に声を掛けてくる友人たちに曖昧な笑みを返し、手を振って学校を後にした。横を見ると、母が静かに泣いていた。

母はこれまでにもゆきかの前でよく涙を流した。部活で好成績を収めた時、発表会で舞台に立った時。だが、今見せている涙がこれまでとは違うことは痛いほど分かった。隣で涙を流している母に「マーマー、ごめん。本当にごめん」。妊娠したこと、学校を離れることを、ゆきかは心の中でわびた。

娘の妊娠、親も苦悩

一緒に責任を背負う覚悟

産めるのか、産めないのか。産んだとしても、育てていけるか。10代で子どもを妊娠した女の子たちが多くの不安を抱えて悩むように、親もまた娘の将来を思い苦悩している。

ゆきかは高校2年の17歳で妊娠した。交際相手は同級生。2人で子を育てる夢を描く一方で、妊娠を理由に元の高校を離れることを母に申し訳なく思っていた。

妊娠を告げられたゆきかの母は後悔に駆られていた。「真っ先に思ったのは『私がもっとしっかりしていれば、この子にこんな苦労をさせなかったのに』という思いでした」。母は記憶をたどり、明るい調子に戻って続けた。「でも、あの時なんて娘に声を掛けたのか覚えていません。私は忘れっぽくて」

本当は心配で心配で、覚えていられないほどに混乱していた。娘は、高校はどうなるのか。互いに17歳なら籍も入れられない。もし赤ちゃんが生まれたら、自分が親代わりになってでも育てなければ。でも、とにかくまずは娘を守らなくては……。そんな考えでいっぱいだった。

ゆきかの妊娠に責任を感じたのは、寂しい思いをさせたとの思いがあるからだ。ゆきかが中学1年の時、夫と離婚した。家にお金を入れない夫に不信感を募らせ、疲れ果てた。離婚後も日々の暮らしに精いっぱいで、「お父さん子」の娘が父と暮らせずショックを受けていたことに思いが至らなかった。

離婚以前から反抗的な娘に手を焼いていた。娘に甘い夫に代わり、のんびり屋のゆきかをしっかりさせたくて生活態度を厳しく注意してきたが、かえって反発を招くだけだった。「自分の子育ては間違っていたのか」と悩みに悩んだ。

「彼氏ができて夜外出するようになってからも『体だけは許さんで』『高校だけは行きなさい』と口酸っぱく言ってきた。それでも聞かなかった娘だから、離婚に関係なく妊娠したと思う」と語りつつ、「離婚さえしていなかったら……」と悔いることもあったと打ち明けた。

娘が高校を去ると決めた日のことは、はっきりと覚えている。友だちに囲まれる姿を見て、涙があふれた。「自分がつらくて泣いたんじゃないです。あの時も、私がもっとしっかりしていれば、あの子は変わらず学校に通えたかも、と思うとかわいそうで申し訳なかった……」

子どもを育てる大変さを、身をもって知っている。部活動に励む友だちのそばで笑う、17歳で母になる娘の苦労を思い、涙が止まらなかった。

出産後、娘はしばらく実家で暮らした後、交際相手の男性との暮らしを始めた。家事をしたことのなかった娘に料理を教え、妊婦健診に付き添った。料理のレパートリーも増え、出産をして育児をする娘が徐々に母親の顔になるのを感じ取った。

とはいっても、若い夫婦の暮らしは手探りだ。夫の収入は安定していない。パートを始めた娘の負担を思い、夕食を作って持っていくこともある。ゆきかの支援者は「妊娠した娘の行動を責めずに、親が一緒に責任を背負ってあげること、子育てを支えることが娘を徐々に母親にしていくことにつながると思う」と語る。

ゆきかは「一番頼りにしているのはマーマー」と話し、「子どもができて、親の苦労が分かった。変わらず自分を支えてくれるマーマーには感謝している」と胸の内を明かす。

「娘が安心して暮らせますように。孫が元気に育ちますように」。母は日々、そう願っている。うるさがられない程度に、これからも自立に向けて手を添えていこうと考えている。

15歳「今度こそ産む」 中絶体験に「後悔」

「妊娠したかもしれない」。長らく生理が来ていないことに気付いたのは、中3の冬だった。交際していた男性は動揺したが、あかりは落ち着いていた。「妊娠してたら、今度こそ産むんだ」。心の中でそう決めていた。

受診した産婦人科で妊娠3カ月と診断された。エコーで胎児の心拍を確認し「ほっとした」。あかりは帰り道、病院に付き添った男性と親たちに「産む」と宣言した。「若すぎる」と皆が中絶を迫った。それでも意志は揺るがなかった。何度も話し合い、納得が得られるよう試みたが、周囲の意見は変わらなかった。「絶対におなかの子は殺したくない」。あかりは1人で産む覚悟をした。

出産すると決めたのは、中2の頃に別の交際相手との子どもを堕ろした経験があったからだ。当時の相手は出産を望んだが、働く意思はない人で、一緒に育てていく自

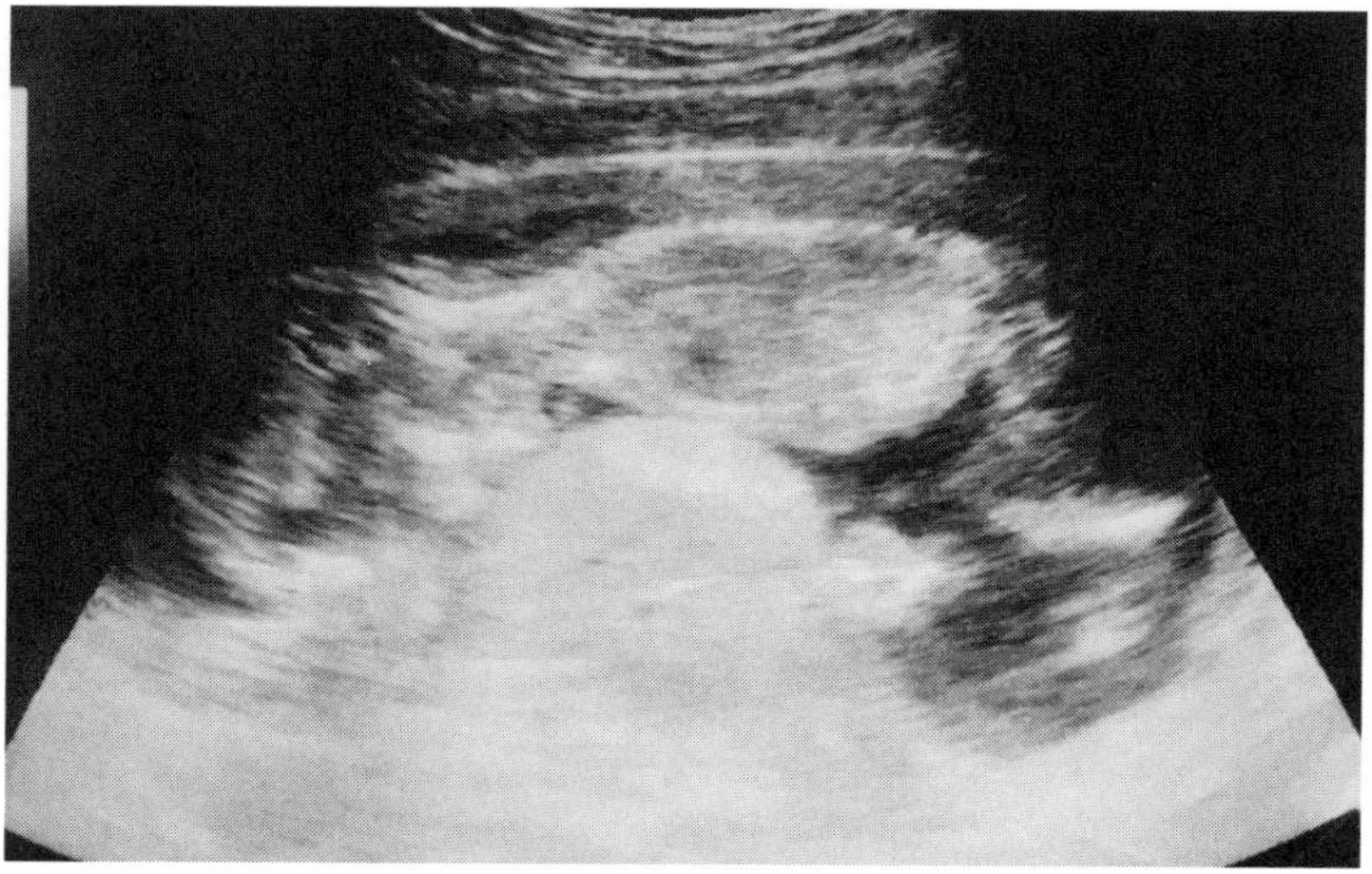

妊娠16週頃のエコー写真。今も大事に取ってある

信を持てなかった。相手の親にも産めないことを伝えて中絶の同意書を書いてもらった。実際に手術をすると、全く違う感情があかりを襲った。

「後悔ばかり。『なんで産んであげられなかったんだろう、ごめん』って。苦しくてずっとその気持ちを引きずってた」

本来なら臨月になっていたはずの時期、心を許せる親友と2人限定で公開していたホームページに、中絶した子どもへの思いを書き込んだ。「産んであげられなくてごめんね。会いたいよ」

これまでうまく言葉にできなかった気持ちを親友は受け止めてくれた。「その時『もうこんな思いは嫌だ。次に妊娠したら、どんなことがあっても産もう』って決めた」。親友のおかげで前に進むことができたとあかりは話す。

妊娠を報告すると「おめでとう、よかったね」と親友は優しく声を掛けてくれた。一方で、母親は出産を認めず、あかりの友だち全員に電話を掛けて、あかりに中絶するように説得してほしいと頼み込んでいた。唯一の支えだった親友は、妊娠を報告した直後に出稼ぎで県外に出ていた。出産を応援してくれる人間が身近にいなくなり、あかりは孤立してしまった。

母は高校進学を希望したあかりに「高校に行くか、産むか選べ」と詰め寄り「生まれても面倒は見ないよ」と突き放した。「いくら堕ろしてほしくても、その言い方はないでしょ、って思って泣くことしかできなかった」。進学を諦め、出産に反対していた男性とも別れた。

母の理解を得られないまま、夏の終わりに男の子を産んだ。16歳だった。「すべてがかわいくて仕方がなかった。妊娠期のつらさも吹っ飛んだ」。無事の出産を喜ぶ一方で、子どもを育てるだけの経済力が自分にないことは理解していた。

「息子が2歳になるまでは実家で育てさせてほしい。2歳になったら働くから」。あかりは言葉を交わさなくなった母に頼み、実家で子育てを始めた。

働きながら高校卒業

「堂々と生きる」胸に

あかりの出産を反対した母だったが、実際にはあかりたち親子を経済面で支え、孫の育児も手伝った。

協力的だった母に感謝しつつも、あかり自身は意地を通した。母に頼んで買いそろえたベビー用品はレシートを全て保管し、出産祝いで全額返金した。息子が2歳になってからは仕事を始めた。実家に住まわせてもらう条件として母に伝えていたからだ。「出産前、『産んでも子どもの面倒は見ないよ』って言っていたおかーに、1人で育てるって言い返した。自分からした約束は全部守った」とあかりは話す。

息子が生後7カ月の頃、ずっと行きたいと思っていた通信制高校に通うことになった。17歳の頃だ。父方と母方の祖母2人の協力で、念願の高校生になれた。

朝6時に起きて、7時すぎのバスで自宅から十数キロ離れた高校へ通った。息子は母方の祖母が預かってくれた。「車の免許がなかったからバス通学が続いてきつかった。でも、おばーが『学校に行くなら子どもを見るさ』って言ってくれたから、弱音は吐けないって思った」と話す。

費用面で就学を支えたのは父方の祖母だ。将来を心配していた祖母は、高校生活に必要なお金を毎月振り込んでくれた。『頑張って通いなさいよ！』って励ましてくれた。本当に助かった」

息子が2歳になった18歳の頃には、働きながら高校に通う生活を続けた。2人の祖母の助けを得て、あかりは3年半かけて高校を卒業した。

「これでやっと（母から）自立できる」。卒業できる単位が取得できたと分かった時点で、物件探しを始めていたあかりは、卒業した翌日、息子と暮らすためのアパートを借りた。翌月、実家を出て親子での暮らしを始めた。

高校を卒業できたおかげで、あ

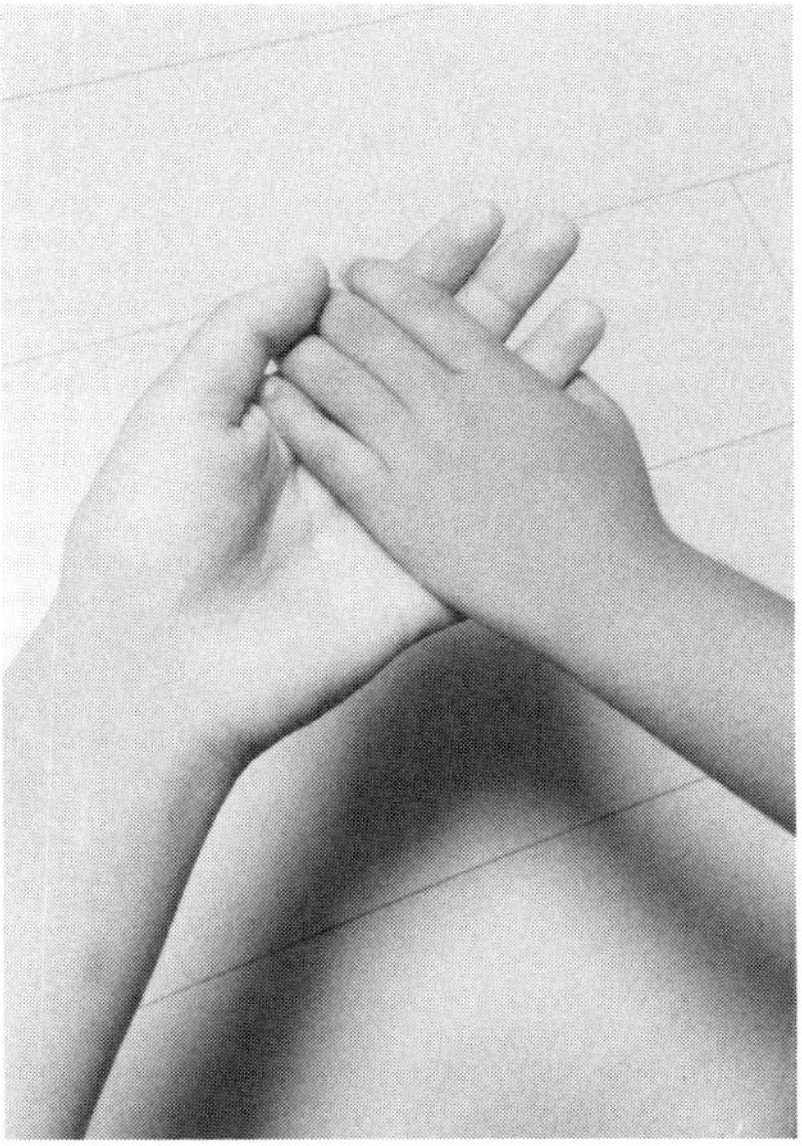

16歳で産んだ息子も5歳になった。大きな手をしている

こがれていた福祉の仕事にも就くことができた。ただ就職活動が順調だったわけではない。「子どもの年を答えたら、出産した年齢を逆算された。16歳で産んだって知った途端に態度が変わる人もいた。そういう面接者はどこにもいた」と振り返る。

祖母たちは生活を手助けしてくれたが、出産後しばらくは親戚たちにもあかりの出産を伏せていた。「世間体が気になったんでしょうね。でも、私は親戚が集まる行事にあえて子どもを連れて参加した。隠れる必要ないと思ったから」

堂々と生きる。1人で産む時に決めたことだ。それでも周囲の言動に傷つくことはある。鈍い痛みやしまい込んだ思いをたくさん抱えながら、あかりは生きている。

つらくなった時は空を見上げる。離れた場所にいて、なかなか連絡を取り合えない親友とつながっていると感じることができるからだ。「親友も頑張ってる。私もへこたれてる場合じゃないって空を見ていて思う」

あかりはほほ笑み、「夢があります。資格を取るための勉強も始めた。だから、もっと頑張らないと」。真っすぐな目で目標を語った。

◇「妊娠」自主退学　学業両立が課題

沖縄県教育庁県立学校教育課の集計によると、２０１５～16年度に沖縄県内の公立高校が妊娠を把握した生徒が全日・定時制を合わせて１５９人おり、このうち22人が自主退学していた。

調査は17年10月、文部科学省が公立高校に通う女子生徒の妊娠・退学の実態を把握しようと、全国の公立３５７１校に実施。沖縄県内は全公立校が対象で、全日・定時制60校69課程。県立学校教育課が集計した。妊娠した生徒数は１５９人（全日制１０７人、定時制52人）で、全国２０９８人の７・５％にあたる。全日制のみでは全国の１割に上った。

妊娠した生徒の在学状況を見ると、妊娠・出産を理由に「自主退学」した生徒の内訳は全日制15人、定時制７人の計22人。学業を継続したのは、産前産後を除く期間通学した生徒が41人（全日制28人、定時制13人）などだった。「説諭」の懲戒を受けた生徒が9人と休学・転学を勧められた生徒1人は全員全日制の生徒で、休学・転学を勧めた理由としては、妊娠だけでなく、普段の生活態度などを総合的に判断したとの報告を学校側から受けたという。

このほか、全日制2校では、妊娠を理由とした懲戒基準が設けられていたが、県立学校教育課によるといずれも古い規定を更新していない例といい、懲戒の適用はなかった。2校とも調査後に同課の指導で規定を更新した。

妊娠を理由に懲戒を受けた生徒がいることについて、県立学校教育課の屋良淳班長は「妊娠した生徒本人の意思を尊重するのが基本だが、学校によっては認識に若干の違いがある」と説明する。その上で「妊娠を問題行動と捉えることがあってはいけない。生徒が就学継続を望む場合は安全を最優先にしてサポートしなくてはならない」と強調する。

若年妊産婦の支援の経験がある名桜大学非常勤講師の山内優子さんは「子どもの貧困対策として、1人でも多くの子どもを高校に行かせようと頑張っている中で、産むと決断した女子生徒に母親だけの役割を背負わせてはいけない。学業と子育てを両立できるような支援策が必要だ」と話している。

浮かび上がる課題

10代で子どもを産む決断をした少女たちは、それぞれが出産・育児、経済的自立や学業との両立などの課題に直面しており、娘の妊娠に苦悩する親の姿もあった。彼女たちを受け止め、声を聞き取る支援者や専門職の話を通して、私たちが10代の妊娠・出産にどう向き合うべきかを考える。

インタビュー

早い段階から、継続的な学びを

百名奈保さん　笹良秀美さん

ひゃくな・なお　札幌市生まれ。天使大学を卒業後、東京虎ノ門病院で助産師として勤務。結婚を機に沖縄へ。助産師、保健師として活動する傍ら、思春期保健相談士として学校向けの講演もしている。2010年、那覇市に「助産院＊きらきら」を開業

ささら・ひでみ　平良市(現宮古島市)生まれ。助産師、思春期保健相談士。県立那覇看護学校助産学科を卒業後、県立病院などの産科で助産師として勤務。思春期教育・性教育を中心に学校や地域で講演活動を展開している

助産師の百名奈保さんと笹良秀美さんは、県内の学校から請け負う性教育の講話を通し、妊娠、出産に直面した10代の少女の悩みに向き合ってきた。

2人は若年出産の背景には、周囲の大人が中絶を避け出産を許容する環境があると指摘する。近年は14、15歳で出産する子も増え、さらなる低年齢化も危惧される中、自分の心と体を知る教育こそ必要だと説く。

10代の妊娠の場合、相手が大人の男性であっても連絡が取れなくなることは多く、中には妊娠が分かった途端にLINEをブロックする「彼氏」もいるという。10代の母親は、経済力、養育力の弱さに直面しやすい。

百名さんは、子育て中にストレスがたまり「子どもの口をふさいでしまった」と話す母親に出会ったことがある。「普通なら隠すことを正直に打ち明けるということは、助けを求めていること」と気持ちをおもんぱかる。

笹良さんは、県内で若年出産が多い背景の一つに「家庭の不和」を挙げる。「家に居場所がない子が外に出て、SNSで知り合った人と寂しさを紛らわす。そういう子が望まない妊娠をしやすい」と指摘する。「セックスするのが彼女の役目」と自分に言い聞かせ、嫌でも応じる少女に対し、相手の男性は行為と妊娠が結び付かず「他人事」と捉える傾向があるという。

2人によると、日本では認可されていない「緊急ピル」を少年少女が闇サイトで購入し、避妊に使う実態がある。学校現場の建前は、コンドームは性感染症予防の道具。「セックスへの関心を高める」という理由で、講話では避妊具として紹介することを拒否されることもある。

笹良さんは「性教育は避妊方法を教えるだけではない。早い段階から学べば人権教育にまで踏み込める」と、小学生から教育する必要性を強調する。百名さんは「性教育は心と体を知る『思春期教育』。生き方やライフプランを学ぶ大事な機会だ」と話した。

インタビュー

子どもを守るための「親支援」

NPO法人「子育て応援隊いっぽ」

NPO法人「子育て応援隊いっぽ」 2010年に糸満市で発足。養育困難家庭の支援や子育て相談などの事業を通して、子どもを取り巻く家族が「安全に」「元気で」「楽しく」子育てができるよう支援している。19年度から登校困難の小・中学生を対象にした支援事業も始めた

糸満市のNPO法人「子育て応援隊いっぽ」は、2010年の発足以来、養育困難家庭の支援、子育て相談、小規模保育園の三つの事業を展開して「親支援」に徹している。

保育園・幼稚園の送迎、家事代行に託児。支援事業には決まったメニューはなく、母親が何を必要としているのかを聞き取

って内容を決める。

これまで県の補助を受けて職業訓練にも取り組んだ。1年間の訓練で母親24人を雇用につなげ、働いて得た収入で家計をやりくりするこつを教えた。それには14歳の母親を支援した経験が生きたという。

「10代は社会経験を積めておらず未熟な部分がある。不安定な収入の解消に向けて安定した職につなげる必要があった」と玉城律子副理事長(68)は話す。

玉城米子理事(68)は、就労や自立の課題だけでなく、10代の母親の多くが大人に強い不信を持ち、育児の悩みを周囲にうまく伝えられない特徴があると話す。

「幼少時に大人との関わりが少なく、虐待を受けた経験のある子もいる。そんな時は、時間をかけてあなたの育児の応援団だよ、気持ちを尊重するよ、と伝えている」

支援した家庭は70世帯を超えている。ここ数年、支援を受けた母親が同じ状況に置かれている友人を紹介するケースが増えている。

「母親たちが他の子をつなげてくれること、『困ってるって言っていいんだね』と声に出せるようになったこと、それはいっぽにとっての成果だ」と運営委員の高見美也子さん(63)は話す。

19年度も若年出産した母親や養育が困難な家庭への支援を継続して行っている。情報共有を兼ねて開く母親同士の交流会では、10年前に支援を受けた母親が出産したての女性たちに自分の体験を語ることもある。

親が地域の中で安心して子育てができるように支える、それが子どもを守ることにつながる。メンバーの共通した思いだ。

第6章
取材の現場

キャバクラの世界に飛び込んだ少女、
大人を信用しない少年、家族の暴力に苛《さいな》まれる少女……。
さまざまな理由から居場所をなくし、夜の街を彷徨う少年少女たち。
今回の取材に携わった新垣梨沙記者(42)が、
子どもたちとの対話の記録や、子どもたちのその後についてリポートする。
記者は6歳になる娘を育てるシングルマザーだ。
子どもが発するSOSにどう向き合えばいいのか。
社会の課題も含めて考える。

「信頼している人なんていない」

「家族」にあこがれ

13歳のあいかと初めて会ったのは2017年の11月。中学生を対象に食事提供や学習支援などを提供する「子どもの居場所」を訪ねた時、そこに出入りしていた女の子グループの中の1人だった。

「信頼している人なんて誰もいない」とあいかは言った。「友だちに本音話したこともないし話そうとも思わない。てか、本音ってなに? なんで、自分の気持ち、人に話さんといけんわけ?」

「居場所」の外でも何度か会うようになってから、あいかが口にした言葉だった。

あいかはきょうだいの中で1人だけ親から虐待を受けていた。児童相談所に通告されたことも何度かある。友だちの位置情報が即座につかめるソーシャルマップアプリ、別名「ストーカーアプリ」を使って、「友だち」になった地元以外の子どもたちと行動していたが、学校や家だけでなく、SNSでつながった相手にも心を許せないと話していた。

初めて「居場所」で会った日、男の子のグループにも、女の子たちにもなぜ取材をしたいのか話をした。「大人の方がきっと悪いってことも、子どもたちのせいにされていることって多いんじゃないかって思ってて、10代の子が学校や家の外でどんな気持ちでいるのか知って大人に伝えたいんだ。いつも友だちとどんなことしたり、どんなもの見たり食べたりしているのか教えてもらえるかな」と交渉した。

私の方に体を向けて「いーよ」と答えたのがあいかだった。他の子たちは、スマートフォンの画面から目を離さず、「拒絶」の意思を伝えてきた。突如現れた人間を不審がり、面倒くさがっていたのは明らかだった。


あいかと後日、「居場所」の外で会う約束をした。マスク姿で待ち合わせ場所に現れたあいかは、前に会った時と違ってスッピンだった。前の日は隣町の友だちと遊び、別の友だちの家に数人で泊まったという。

家に送りながら話をした。親からスマホを取り上げられていること、下のきょうだいからｉＰａｄを借りて友人と連絡を取り合っていること、ＬＩＮＥを使うことはほとんどなくて、どの子とも「ストーカーアプリ」でやりとりしていること、家族と自分は仲があまりよくないこと……。

会って間もない大人に、あれこれ詮索されるのは気分がよくないだろうと考え、この日はこれ以上聞くのをやめた。ストーカーアプリの仕組みを教えてもらい、自分のスマホにアプリを入れてもらった。「居場所」に通う時の「足になる」ことを約束し、自宅前で別れた。

あいかは自宅から車でも数時間かかる場所で遊んでいることが少なくなかった。夜、遊びに行って帰れなくなったと連絡をもらい、娘を連れて迎えに行ったこともある。あいかの行動範囲は想像以上に広く、その分、危険な目に遭うことも多いのではないかと心配になった。


ある日、あいかと友人のカナから連絡があり、「居場所」に向かった。部屋の中にはすでに男子生徒がいてスタッフと話し込んだり、差し入れのおにぎりを食べたりしてくつろいでいた。

頃合いを見計らってあいかと外に出て、奥まった路地で話をした。天気が悪く、地べたがぬかるんでいて、私たちは必然的に「うんこ座り」の体勢になる。

本当の両親はあいかが生まれて間もない頃に別れたこと、父親はとにかく暴力的な人で、母親はベランダから逃げることもあったらしい、ということを教えてくれた。

「あいかはそれを聞いてお父さんのことどう思った？」

「どう思った？　んー殴るんだなって思ったかな」

それからあいかが4歳の頃に新しいお父さんができたこと、きょうだいが増えてよく世話を焼いていること、親から暴力を振るわれ、自分は痛い思いをすることもあること、他のきょうだいはたたかれていないこと、下のきょうだいをかわいいと思うこと、家にいる時はきょうだいたちにご飯をよく作っていること、小学校高学年の頃から「なんとなく」外に出るようになったことを話した。


「あいかは、周りにいる大人のことをどう思う？」

「……どう思う？　別になんも思わんよ。どういう意味？　意味わかんないんだけど」

「うんごめん、信頼できる人とか本音を話せる人はいるかな」

「信頼している人なんて誰もいないし」

「うん、そっか」

「てか、本音ってなに？」

「ん？　んー自分のほんとうの気持ちのことかな」

「自分の本音は誰にも話さんよ。友だちにも誰も。なんで、誰かに自分のほんとの気持ち話さんといけんの？」

うつむいていたあいかが顔を上げて私に問い掛ける。目が険しかった。

「……うん、話したいと思った時に話すもんであって、無理して話すことはないと思う。もちろん私にも」。その後言葉が続かず沈黙する。あいかも黙り込んでいる。

「んーと、私はさ、あいかが自分の気持ちを話したくなった時に、あいかのそばに話せる相手がいるといいなと思うんだ。気持ち話したら楽になることもあるからさ、私はそうだったから」

あいかは黙り込んだままだ。あいかの顔を横から眺めたが、何も読み取れなかった。風が冷たい。制服姿のあいかは私より薄着だったと気付き「ごめん、寒かったね、中に入ろうか。足しびれたや」と話を切り上げた。あいかの後に続いて、ヒールのまましゃがみこんで感覚を失った足を引きずり、部屋に戻った。

出会った女の子の中で一番多く会っていたのが、あいかだった。でもあいかの家で何が起きているのか、詳しいことは分からないままだった。

知り合った頃に学校を休みがちだったあいかは、年が明けて2月になる頃にはほとんど登校しなくなり、夜は自宅から数十キロ離れた繁華街のキャバクラで働き始めた。そのことも「居場所」のスタッフを通して知った。スタッフも別につながっている他校の生徒から聞いた情報だと言う。

その後も彼女は会うたび、私には「夜は遊んでる」としか言わなかった。そんな時は「心配している」「危ない目に遭ってほしくない」という決まり文句をかけることしかできなかった。直接伝えるだけではなくて、ストーカーアプリで、時にはLINEで、私は何度か同じ言葉を送った。そのたび、あいかも他の女の子たちと同じように「大丈夫！」「心配しすぎ（笑）」などと送り返してきた。

女の子たちとのLINE履歴の一部はスクリーンショットしてSDカードに保存している。その中には、「〇〇（下のきょうだい）の弁当を作ったよ」という報告と弁当の写メを送ってきた、あいかとのやりとりも残っている。その日、あいかはキャバクラ勤務を終えてすぐに台所に立ったようだった。

「とってもおいしそー！　あいかはいいお母さんになるねー」

「でしょでしょ！」

自分のことも家のことも詳しく語りたがらなかったが、あいかは「家族」にあこがれを持っていた。取材で出会った他の女の子たちもそうだ。よく「早く自分の家族をつくりたい」「いいお母さんになりたい」と話していた。そんな彼女たちのことをとがめ、厳しいまなざしを向ける大人も少なくない。だが、女の子たちは、自分の子ども時代に叶えてもらえなかった願いを未来に託している。大人側は「幼い」ととがめる前に、その言葉の背景にどんな思いを抱えているのか、知る努力をしてほしいと思っている。

子どもを支援するある団体を通して、あいかの働くキャバクラが未成年を雇用していたとして摘発されたことを知った。あいかは補導されただろうか、親にばれて痛い目に遭っていないだろうか。今は一切連絡が取れていない。あいかのそばに、信頼できる誰かがいてくれたらと思う。

「お前に話して何か変わるば？」

諦めたことの後悔

「お前に話して何か変わるば？」

あいかと会えない日、「居場所」の男の子たちを取材しようと試みて、あつきから吐き捨てられた言葉だった。

私が取材でつながった子どもたちは31人。そのうち、記事にできたのは半分にも満たない。あつきも記事化を諦めた1人だった。

厳しい男性スタッフが立ち会う際はおどけて取材に答えていたあつきは、スタッフが席をはずすと途端に威圧的な態度に変わりすごんできた。

「お前邪魔！　俺たちのことなんで話さんといけん？　早く帰れ！」

リーダー格のあつきが怒り出すと周りの空気が途端に緊迫する。後輩の奏《そう》がおどおどした様子で私を見つめていた。奏は前の週に、先輩たちには内緒で私に携帯電話の番号を教えてくれていた。後日、外で会う約束を取り付けていた。

私はあつきの目を見て言った。「邪魔だよね。ただ、悪いのは大人の方なのに、子どもたちが悪いって言われることがどんな場面でも多いんじゃないかって思ってて、子どもたちがどんな思いでいるのか、いつも何しているのか、ってことをちゃんと記事にして、大人に伝えたいんだ」

最初に会った時に伝えた言葉をもう一度伝える。だが、あつきの耳には入っていないようだった。

「もう、うるさい!! 意味わからん!」

「うん、ごめん。でもさ、帰れって言われて、はーいって帰れないんだよ。てか、そんなすごまれても怖くない」

なめられたら相手にされなくなる、と感じて男の子には強い口調で対峙したが、あつきはいまいましげに「ばばあ」と返しただけでびくともしない。仕方なく「〇〇さんに私の取材受けるって言ってたさ、受けないんだったら〇〇さんに言いつけるよっ!」と「奥の手」を使った。

「居場所」の取材を承諾したスタッフの名前を出したことで、あつきは再び渋々と取材に応じる。彼はついこの前、バイクを運転しているところをスタッフに見つかり、鉄拳制裁をくらっていた。

暴力で押さえ込むことには抵抗を覚えたが、私もスタッフの名前を使って力でねじ伏せたことには変わりなかった。そのことに半ば後悔しながら質問を重ねていると、あつきは再び「長い！　もう終わり！」と怒り出し、「お前に俺のこと話して、何か変わるば？」と吐き捨てた。

彼の言葉にたじろいだ。私が記事を書けたとして、何が変わるだろう。私にそんな力はない、変えられるなんておこがましい。

「そうだね、何も変えてあげられないよ、ごめん……」

これ以上の言葉を返せないでいる私に冷たい視線を向けて、あつきはその場を離れた。仲間がぞろぞろと後をついていく。取材を受けると話していた後輩の奏は、戸惑ったような顔で私に視線を向けた後ぱっと目をそらし、あつきたちの後を追った。

あつきからも奏からも完全に見放された、そう感じた途端に激しい後悔に襲われる。どんな風に向き合えばよかっただろう。いや、もっと丁寧なやり方があったはず。あの子たちの時間をもらってるのはこっちなのに、上から目線だった……。１人取り残され、自分の言動を悔いた。

中学3年になるあつきはアナログ時計の針が何時を指しているのか分からなかった。

「居場所」で解いていたのは小学校低学年の子が使うドリル。彼とそのきょうだいは幼い頃から親に手をかけてもらえずにいて、家と施設を行き来する生活を送っていた。とても落ち着いて勉強や生活のことを身につけられるような暮らしではなかった。

それからも「居場所」には通い続けたが、あつきや奏に取材をするのは諦め、女の子たちの取材に専念した。あいかと同様、あつきも年が変わる頃には学校に登校しなくなっていた。あつきは友人と2人、学校に行く代わりに早朝から夕方まで建設現場で働き、仕事を終えたその足で「居場所」にやってきた。

制服姿の男の子に混じり、作業着を着たあつきがふざけて笑っている。楽しそうだった。文字通り、ここはあつきの居場所なのだと感じた。学校に行けないでいること、仕事のこと、「居場所」で過ごす時間、卒業後のこと、いろいろと聞きたいことはあったが、あつきの大事にしている時間を奪うのだと思うと声は掛けられなかった。あつき自身、私が近寄ってこないと分かって安心しているようだった。

しばらくして、あつきたちのグループがある犯罪に関わっているらしい、との噂を耳にした。その噂が本当なら見過ごすことはできない。信憑性《しんぴょうせい》はあるのか確認した上で、情報共有のために「居場所」のスタッフに電話をかけた。

スタッフは落ち着き払って言った。「その件は警察ともやりとりしてるんで大丈夫ですよ。あいつらも、やってないって言ってます」

「でも……」。1人からだけでなく、別のルートからもその情報が上がってきている――。そう続けた私に「俺たちはあいつらのこと信じてるんで。やってない、って言っている以上信じないと。大丈夫ですよ、俺たちがちゃんとついてるんで」。スタッフはきっぱりと揺るぎのない声で言った。

私はあつきを追わなかった。「居場所」で楽しそうに過ごすあつきの邪魔をしたくないことを理由にしたが、それは単なる言い訳で、関わること自体を諦めたのだ。

だが、スタッフたちはあつきたちと関わろうとしていた。何より子どもたちのことを信じていた。仮にあつきや「居場所」に通う子たちが悪いことをやっても、叱りはしても見捨てはしないのだろう。子どもたちがうんざりするほど関わり続けて、危ない場所にいたら、全力でそこから引っ張ろうとするのだろうと思った。

その年の春、あつきは高校受験をせず、働くことを選んだ。「居場所」のスタッフたちは、あつきが少しでも就職に有利なようにと、多くの資格を取れる研修施設の資料を集めた。

子どもはたくさん失敗を重ねて大人になる。取材手法や寄り添い方を私に教えてくれた人は、何度失敗してもそばにいて、関わって、教えたり、ほめたりすることで子どもは力をつけていくと話していた。そうして力がついて初めて、その子は自分を変えようと思うことができるのだと。だから、子どもの失敗は、教えてあげられなかった大人の失敗なのだ。そう言っていた。

あつきの「お前に話して何か変わるば?・」という言葉に、「何も変えてあげられない」と返すべきではなかった。「あつきが変えたいと思うなら、そばで手伝わせて」。そう言えるようになるまで関わろうと努力するべきだった。あの日のやりとりを、私はずっと後悔している。

「夜は外に出なくなったよ」取り戻した母娘の時間

2019年の夏、紗良《さら》とつばさの2人に近況を聞いた。交際相手に暴力を振るわれていた紗良の母が、その彼と別れたこと。母が夜の仕事の後に昼間の仕事も始めたこと。母が仕事の間、紗良が下のきょうだいの面倒を見ていること。

暴力的な人間が家の中からいなくなったことで、紗良の生活は以前よりも安定しているようだった。支援者と状況が好転したことを喜び合ったが、まだ中学生の紗良が1人できょうだいの面倒を見ていることや、母のオーバーワークは大きな懸念材料だった。

紗良は「きょうだいたち見てるから、夜は外に出なくなったよ。前はあんなに出歩いてたのに」と笑った。「今は出るのめんどくさいし怖い。前は自分には危ないことは起きないって自信あったけど、単に自分がラッキーだったってだけじゃん、って今は思う」

私は横に座る紗良に向かって尋ねた。「何か、怖いことあった？　怖い目に遭った友だちとかいるの？」。この質問を何度しただろう。紗良の答えはいつも同じだった。

この日も、一瞬黙り、迷うようなそぶりを見せてこう言った。

「なんも。なんもないよー」

「うん、そっか。ならよかった」

「きょうだいたちの面倒見て家にいるようになったら、夜中に暗いとこ歩くの平気だった前の自分が怖くなっただけだよ。あの時は若かったんだはずね、紗良も年取ったなあ」

紗良は一気にまくしたてて笑った。

紗良からはこれまでに何度も「危ない目には遭っていない」と聞いていた。そんな時に私から言えるのは、決まって同じ言葉だけだ。「危ない目に遭ってほしくない」「いつも心配してる」。紗良は決まって私のことを「ほんと心配性だなあ」と笑い飛ばした。

昼間も仕事を始めた母のことが紗良は誇らしいようだった。「紗良のおかー偉いよ、まじでそう思う」。紗良の言葉が弾んでいる。

「うん、私もそう思う」。ひと呼吸置いて自分なりの考えを伝えた。

「紗良のお母さん、これまでもすごく頑張ってたさ。1人で子ども育てるってすごく大変だから。私は子ども1人で息が切れるけど、紗良のお母さんは1人で紗良たちきょうだいを育ててるでしょう」

「そうなの？ 子ども育てるのって大変なの？」

「うん、大変だよ。両親そろってても大変だと思うけど、ひとり親の場合は、やっぱりすごく大変。子どものおかげで自分は生きてられると思うけど、でも単純に人の手が足りないっていうのも、頼る相手がいないっていうのもきつい。ゆとりないとイライラするしパニックになるしさ。私はしょっちゅう娘のこと怒鳴ってるよ。紗良のお母さんはすごいと思う。だから、仕事を掛け持ちしているって聞いたら、ほんとうはさ、少し心配だよ」

紗良は「ふーん、そうなのか」とつぶやき続けた。

「おかーは若いから仕事二つするの平気みたいだよ。お金がほしいって言ってるし、働くことが楽しいって。紗良のおかーはまじ商売のセンスあると思う。最近は特に仲がいいわけさ。自分でも気持ち悪いくらいだけど。でも、彼氏がいないから紗良はうれしーわけ」

「そっかあ。お母さんに彼氏はいない方がいい？　お母さんが殴られるのが嫌だった以外にも理由はある？」

「おかーはさ、彼氏ができると彼氏が一番になるから。紗良たち子どものことは後回しになるから。子どもからしたら、自分の話も聞いてほしいさ。でも、なんか彼氏がいたら話も聞いてもらえんからイライラする」

でもさ、お母さんもずっとお母さんだけしてるのしんどいよ。1人で立ってられなくて、誰かに甘えたい時もあるよ──。そう紗良に言おうとしてやめた。子どもが親のしんどさを知って気遣う必要などなくて、本来、子育てに疲れた親を支えるのは周囲の大人の役目だ。子どもと親を支える手は一つでも多い方がいい。

「お母さんと仲良くする時間が増えてよかったね」

「うん」

ふだん会う紗良は同じ年の女の子より大人びた口調や振る舞いをしている。濃いめの化粧がそう見せてもいたが、その日の紗良はお母さんに甘えたい盛りの小さな子どものように見えた。

取材でつながった子どもたちの中には、親が不在の間、年の離れた下のきょうだいの面倒を見る子も数多くいた。「親代わり」となってきょうだいを保育した経験を持つ子たちは、親に甘えたい気持ちや寂しさを胸にしまい込み生きていた。紗良もそんな1人だった。

小学生の時から少なかった母との時間を、紗良は今取り戻そうとしているのだと思った。

「幼稚園まで幸せだった」

連鎖する暴力

夏休みが明けて9月になった。つばさと2人でゆっくり話したのはこの日が初めてだった。紗良とつばさの家は数十キロ離れている。2人から話を聞きたい時は、紗良を先に迎え、帰りは紗良を最後に送ることにしていた。つばさとは2人きりになる機会を持てていなかった。この日はつばさを先に迎えて紗良の家に向かった。

帰りに、つばさから家族の話を聞いた。

「つばさは今、痛い思いはしていない？　前はさ、きょうだいから殴られてたさ」

「うん、大丈夫」

「大丈夫って、たたかれなくなったってこと？」

「うんうん」

「そっか。だったら、私は少し安心だよ。つばさに痛い思いしてほしくないからさ」

「うんうん」

うんうんと繰り返して少し黙った後、つばさはきょうだいの話をした。

「〇〇（上のきょうだい）が家に帰ってくるのが1週間に1回くらいだわけさ。あんま顔合わせせんし、嫌なことあったら、つばも外に出るから」

「そっか。前会った時、これまでよりも学校に通う日が増えたって言ってたさあね。つばさはその時さ、1人で夜外に出ることもなくなったって言ってたけど、最近はその時よりも外に出るようになったの？」

「そうだね、よく△△市に行くようになったかな」


つばさは小学生の頃から、きょうだいの暴力を受けている。つばさを守ってくれる人は家の中には誰もいない。

「さっき、嫌なことあったら外に出るって言ってたさあね。家で嫌なことがなかったのは何歳くらいまでだったか覚えてる？」

考え込んだつばさは一度「んー覚えてないな」と言い黙り込んだ後、「覚えん方が楽さあね、いろんなこと覚えていたらきつくなるから。思い出すのもきつくなるから」と話した。

「うん、そうだね。私がこうして質問すると、つばさはいろんなこと思い出してきつくなるかもしれないね」。私は「つばさ、ごめんね」と謝った。

「あー違う違う。つばが普段そうしてるってこと。いろんなこと覚えん方が楽ってことだわけ。聞かれるのは嫌じゃない、自分のこと話すのも大丈夫。ただほんとうに忘れてることが多いから、忘れる理由を話したんだよ」とつばさは返した。

「そうなんだね。私はさ、これからもいろんなことを聞くと思うんだ。つばさが話してきつくなった時とか、嫌なこと聞かれた時は答えなくていいからね」

「うんうん大丈夫だよ」

つばさはそう言って少しの間、沈黙し「幼稚園かな」と口にした。「つばは、幼稚園まで幸せだった」

きっぱりと言い切ったつばさに少し驚きつつ、あいづちを打ちながら質問を重ねた。

「そっか、幼稚園生だったんだね。つばさはさ、その頃どうして幸せだと思ったんだろうね」

「どうして幸せと思ったのか？　んー分かんない、何でだろう。何で、つば、そんなって思ったのかな」

再びつばさは考え込み、しばらく唸り続けた。そして「みんな、仲がよかったから、かな」と答えた。つばさにとって「幸せなこと」とは、家族が仲良く穏やかに暮らしていたことだった。「嫌なこと」は、父親による家族への暴力だった。

つばさの記憶によると、父親の暴力はつばさが小学校低学年の頃に突然始まり、すぐ上のきょうだいがターゲットになった。きょうだいは骨を折るような大けがを負ったこともあった。父親からの暴力を止めようと間に入った母親が代わりに殴られて転倒し、気を失ったこともあったという。

「そん時さ、おかーが息してないって思って、泣きながら心臓マッサージっていうの?人工呼吸?っていうのをまねしてやった。あん時はでーじしかんだ(すごく驚いた)よ」。そう言ってつばさは笑った。

倒れ込んだ母が動かないと知り、父親は固まっていたという。その父親の足元で、つばさと、父親に殴られてけがを負っていたきょうだいが2人で母親を介抱した。

「そんなことがあったんだね……。つばさ、すごく怖かったね」

そう言うのがやっとだった。話を聞きながら、この子に昔のつらい話を思い起こさせることで、私はこの子にどれだけの傷を新たにつくるのだろう、と考えた。この後、つばさは1人でどう過ごすだろう。つらい記憶を思い出したことで、再び外に出たりしないだろうか。つばさの気持ちを思うと、申し訳なくていたたまれなかった。

てっきり、つばさに向けられた暴力が家の中で起きた最初の暴力だと思っていた。冷静に考えてみれば、つばさに暴力を振るっていた上のきょうだいもまだ10代半ばだった。子どもが理由もなしに荒れるはずがないことは、取材で分かっていたはずだった。

「お父さんはなんで上のきょうだいだけ殴っていたのかな」

「んー、初めての子どもだったから、かな？　最初の子はしっかりしてほしいから厳しく教えないと、みたいな感じだった気がする。『しつけ』っていうの？　そんな風に言ってたかな」

「しつけ」という名目で父親から暴力を振るわれていたきょうだいは荒れた。学校に行かなくなり、家を空けるようになった。そして、きょうだいは次第につばさに手を出すようになった。つばさは小学校高学年だった。順番が代わるように、父親からのきょうだいへの暴力はやんだ。

父が上のきょうだいに暴力を振るっていた頃は、つばさと母親が全力で父親の暴力を止めていた。だが、暴力を受ける相手がつばさに変わると、家族は誰もつばさをかばってくれなかった。それどころか「殴られるようなことをしたお前が悪い」とつばさを責めた。つばさは家族の中で孤立した。

家でのいさかいは家族がそろう夜が多い。次第につばさは、以前きょうだいがしていたように、家族と顔を合わせることを敬遠して外に出るようになった。スマホさえあれば、同じように夜に暇をもてあます同年代とつながることはたやすかった。

夜遊びをすると朝起きられなくなり、学校に遅刻することが増えた。なんとか登校したとしても、つばさを待っているのは教師の厳しい指導だけだ。学校に行くことも面倒くさくなり、中学生からは完全に不登校になった。

つばさは自分に向かった暴力について打ち明けた後、「……つば、いま〇〇（下のきょうだい）たたいてるよ……」と口にした。

つばさは自分を殴るきょうだいに立ち向かうことができない。力でかなう相手ではなく、たとえ刃向かっても両親から責められるのはつばさだけだからだ。そのいら立ちを、下のきょうだいに向けることしかできない。

「そうなんだね、〇〇はその時どうしてるの？　つばさに向かってくる？」

「たたいたら〇〇が泣くからさ、おかーがまた切れる。やられてもやっても怒られるのは、つばだけだよ」。つばさの周りには、つばさを責める人間しかいないようだった。

「つば、ひとりぼっちだよ」。初めて会った頃、こう言っていたつばさは、今もまだ家の中でひとりぼっちなのだと痛感する。

きょうだいの中で、１人だけ虐待のターゲットになる子がいるケースは少なくないと感じる。実際に出会った子の中には、つばさのように他のきょうだいと差別されている子は何人もいた。自分だけぼこぼこにされる、自分だけご飯を食べさせてもらえない、自分だけ名前を呼ばれない、自分だけ目に入らないみたい。「自分だけ」ずっと、痛くて悲しい――。

そんな暴力の記憶を聞き出すことも、子どもたちに再び当時のような痛みを味わわせることだと感じている。実際に、連載の掲載後フラッシュバックに襲われた子もいる。それでも取材を続けるのは、届けなくてはいけないと思うからだ。たとえば、話を聞いた子どもたちの親に、その親にかつて暴力を振るっていたそのまた親に、子どもたちを学校から離してしまった教師たちに、限られた人の問題だと無関係を装う地域の、社会の人たちに。

「助けられないなら近寄るな！　信じさせるな！　偽善者！」と激しい怒りをぶつけてきた子もいる。たしかに、偽善者で独りよがりだと思ってもいるが、届けると決めた以上は、話を聞き、書くことを続けるしかないと思っている。

「前しか見てないんで」

10代で出産した母の奮闘

取材をした10代のうち、最も若く出産したのがあかりだった。

中学3年の頃に妊娠したあかりは子どもを産むことに反対した恋人と別れ、16歳になったばかりの頃に1人で息子ののぞみを産んだ。その後は、子育てをしながら通信制の高校を卒業し、夢だった福祉関係の仕事に就いた。

息子の父親からは養育費をもらっていなかった。申し出があったが受け取るのを拒んだという。自分で働いて得た収入と、児童扶養手当でやりくりして暮らしていた。

「養育費を払うのは父親の義務で、のぞみの権利でもあるよ。のぞみを今後も育てていく上でお金は今以上に必要だよ」

「1人で育てると言った以上、自分の力でやっていきたいんです。大丈夫です」

屈託なくあかりは言った。強がりではなく、心の底からそう考えているようだった。

実際にあかりは、私が取材で出会った女の子たちの中で暮らし向きや精神状態が最も安定している女の子だった。

仕事を終えると、息子を保育園に迎えに行き、図書館や児童館に連れて行く。地元の母子寡婦福祉会の講座や行事にも積極的に参加していた。幼い子がいても土日休むことは難しい職場で、週2日ある休みの1日は平日しか取れなかったが、平日の休みの日は必ずと言っていいほど息子も保育園を休ませ、一緒に過ごしていた。

「平日の休みの時ぐらい自分のために時間使えばいいのに」

「のーぞーが一緒にいたがるんですよ。『マーマーが休みだったら俺も休む』って。平気ですよー、ちゃんと息抜きしてるんで」

「息抜きはどんな風に?」

「小さい子どもがいる友だちが何人かいるんで、一緒にご飯食べに行ったりとかですね。最近はおかーにのーぞー預けて、友だちの結婚式に行きました」

「土日に仕事の時はのぞみは保育園に預けてるの?」

「いえ、おばーに頼んだり、親に頼んだりしてます。資格取るためには〇〇市まで研修に行かないといけないんですけど、その時もどっちかに預かってもらってますね」

外に助けを求めることはとてもエネルギーがいる。あかりは出産直後の時点で自分の未熟さを感じ、親や祖母に助けを求めた。保健師の助言を受け入れて行政の福祉サービスを活用し、母子寡婦福祉会の会員となって資格や福祉制度の情報を得て、仕事と育児の合間にこつこつ勉強をした。こうして息子との暮らしを築き上げたのはまぎれもなく、あかり自身の力によるものだ。

2019年の夏、1年ぶりに会うと、あかりは以前目指していた資格とは別に、新たに二つの資格を取得していた。職場でも徐々に責任のある持ち場を任されるようになっていた。

「こんなに資格取るなんてすごい！　頑張ったんだね」

「ですね、頑張りました！　いろんなことに挑戦したくて。福祉とは別の資格を取れたことで新しい職種にも興味が湧いてきています」

6歳になったのぞみはあかりの兄によく懐き、兄と遊ぶために1人で実家を目指したこともあるという。あかりが少し目を離した隙の出来事だった。

あかりの兄と母が暮らす実家までは距離がある。警察の協力も得て周辺を捜し歩いていた時に「のぞみが1人で来たよ」と実家から連絡が入ったという。のぞみを捜して無事が確認できるまで2時間近くかかった。

「怖かったね、ほんとうに何事もなくてよかった！」

「ほんとですよ！　もうほんとにどこを捜してもいなくて……。心臓止まるかと思いました」

あかりと2人で「笑い話になってよかった」と言い合いながら、のぞみの成長を喜んだ。


会うたびに、前向きな言葉と笑顔を見せていたあかりが、一度だけ私の目の前で泣いたことがある。父親の話をした時だ。あかりの父は母と離婚後に病気をわずらい、長い間闘病生活を送っていたが、あかりがのぞみを出産した直後に自死した。

亡くなる数日前、父から電話が入った。だが、当時出産を反対した母とのいさかいで意固地になっていたあかりは、父からも出産のことをとがめられるのでは、と考えて電話を取らなかった。

留守番電話に遺された伝言を聞いたのは、父が命を絶ったと知らされた後だった。

「出産おめでとう。赤ちゃんのオムツ代とか大丈夫か」

亡くなる直前まで、父はあかりのことを気にかけていた。

「あの時、電話を取ってたら、おとーに何か言ってあげられてたら……って思うんですよね」

そう言ってあかりは泣いた。父は母と離婚した後もあかりをかわいがり、遊びに連れて行ってくれた。「小さい時からおとーは好きだった」とあかりは話した。

1人で子どもを育てていく。堂々と生きる。あかりは16歳の頃の決意を実現するためにひたむきに生きている。ただ、こうしたあかりのようなひたむきさを、すべてのシングルマザーに求めるべきではないと考えている。シングルマザーの多くがぎりぎりの状態での暮らしを強いられているからだ。

働いて家計を担い、家事・育児をする。1人で何役もこなさなければならず、常に経済的な不安や、自分の健康に対する不安がのしかかる。圧倒的に時間も足りない。疲れ切ってゆとりを失い、子どもの話を十分に聞くことができず、「わがままだ」と怒鳴り散らすことや手をあげることさえある。子どもを泣かせた後は、決まっていい母親でないことを後悔する。こうした無限のループは、当事者でもある私自身が何度も経験した。

母親（父親）だけではない多くの人の支えを得て、初めて子どもは子どもらしく育つことができる。だから、子どもを守るには、何よりもまず、子育てをする親を支えなければならない。

周囲とつながれず孤立する母親もいる。「助けを求めることで、だめな親だと責められるのでは」と恐れる母親もいる。「良母であれ」と女性にだけ厳しい目を向ける社会のあり方も、母親を追い詰める原因だと私は強く感じている。

1年ぶりに会った日、あかりは「毎日やることがたくさんあって楽しいです。自分、前しか見てないんで」と笑った。傷ついた経験を胸にしまってあかりは前に進んでいる。

あとがき

連載の取材は2017年10月、夜の公園から始まりました。あてもないまま取材班3人で歩いていると、街灯のない暗闇に紛れて、飲みかけの泡盛の瓶を持った子どもたちが潜んでいました。その後、訪れたハロウィーン暴走の現場で、少年の1人は「女の子たちに薬が出回ってる」と明かしました。子どもたちの置かれた現実はとても深刻なことになっている、そう思いました。

ぼんやりとした感覚が実感となったのは、子どもたちから直接話を聞くことができてからです。小学校高学年で売買春の被害に遭った子、深夜の公園での酒盛りで急性アルコール中毒になり息が止まった子、目に殺虫剤を吹きかけられ失明寸前になった子。いずれも何かしらの形で大人が関わっていました。

取材班が直接会って話を聞いた子どもは43人。そのほとんどが幼い頃から生活困窮や親からの虐待、学校で教師や生徒からの排除やいじめなどの暴力に直面し、「不登校」という形でSOSを発していました。取材の途中で連絡が途絶え、記事化を見送った子どももいます。かたくなに取材を拒否した子もいました。

大人は、表に出る子どもたちの言動だけで評価を下し、「問題のある困った子ども」だと突き放していました。でも、本当は子どもたちこそ「大人に話しても何も変わらない」と諦めています。大人が子どもを見放しているようでいて、実は子どもたちの方が大人を見放している状況がありました。

家と学校を離れた子どもは、無防備のまま社会に放り出されます。大人に利用され、危険な場所に追いやられる子どもも少なくありません。虐待を受けた子どもたちと向き合う専門職の1人は、子どもたちが安定した暮らしを築くには、学校や家庭、職場などといった「所属先」を子どもたちに設けることが重要だと訴えます。

大人がするべきは「指導の対象」として厳しいまなざしを向けることではなく、何よりも子どもの話を聞く時間を十分に持つことです。子どもたちが何を思い、どう過ごしているのかを知り、子どもたちを遠ざけない努力が必要なのです。

◇

連載をしている頃から、子どもたちの置かれた困難さや痛ましさを書くことで、親への非難が強まることだけは避けたいと思っていました。子どもが安全に、かつ安心して育つためには、何より子育てをする親が安全で安心できる環境にいなければならないことが、取材を続けるうちにわかってきたからです。

親自身が暴力を受け続ける中では、子どもを守ることなどできません。親を暴力の被害者にも加害者にもしないためには、周囲の声のかけ方やまなざし、関わり方を変える必要があります。けれど、子どもが虐待で命を奪われる事件が起きてしまえば、親への非難があふれ、「子育てをする親を支えるべきだ」との声はかき消されてしまいます。

東京都の3自治体で2012年から2年ごとに約3千組の親子を対象に行われているコホート調査（ある集団を継続的に調べていく研究手法）では、母親に相談できる人が多いほどその子の幸福度も高まることがわかりました。報道（「朝日新聞デジタル」2020年1月10日）によると、プロジェクトリーダーの西田淳志氏（東京都医学総合研究所）はこれまでの研究から見えたこととして「子どもを幸せにするためには、まず母親を孤立させないようにしなければならない」こと、「みんなが互いに助けたり、助けられたりできることが、子どもの精神的な健康、幸福感を支えている」ことを挙げています。こうした調査が今後より一層進んで、子育てをする親を支えることが当たり前だ、との感覚が社会に広がればいいと思っています。

◇

連載を始め、本書を刊行するまでに多くの方々にお世話になりました。子どもたちが社会から放置される状況に心を痛め、憤っていた琉球大学の上間陽子さんから「この現実をどうする？　新聞記者はいつまで見ないふりを続けるつもり？」と投げ掛けられ、取り掛かったのがこの連載です。調査を超えて支援に奔走する上間さんの姿と言葉から学ぶことが数多くありました。取材に行き詰まるたびに話を聞いてくれ、的確な助言と温かな言葉をかけてくださいました。

元同僚でフリーランスの中川大祐カメラマンは「夜の街」で働く女性たちの撮影を長らく続けています。取材班の意をくみ、優れた写真を撮影してくれただけでなく、子どもたちの話し相手になり、緊急保護に動いてくれたこともありました。思いを共有できる2人がいてくれたおかげで、連載を乗り切ることができました。

書籍化への道を開いてくれたのは、本社編集局の島洋子編集局次長兼報道本部長です。連載時から取材班を激励し、朝日新聞出版の松尾信吾さんへ声をかけてくれました。原稿は、連載時から出版まで一貫して小那覇安剛社会部長が担当してくれました。松尾さんは子どもたちの「その後」を書くよう提案してくれ、原稿をなかなか出せないでいる間も辛抱強く待ってくださいました。当初の予定よりも長い時間がかかりましたが、熱意のある編集者と本書を作り上げられたことは幸運でした。3人のおかげで、子どもたちの声を多くの人に読んでもらえる機会を持てました。

子どもたちの身元の特定につながるため名前こそ出せませんが、取材には多くの支援者の方が協力してくださいました。子どもたちの困難を聞き取るたび、不信に満ちた社会を作り上げた大人の1人として、ただただ申し訳なく思っていましたが、苦闘しながら子どもたちのそばに居続ける支援者の姿は、取材者としても大人の1人としても希望であり、救いになりました。

そして何より、取材に応じてくれた子どもたちには深く感謝しています。子どもたちがこの先、暴力の被害者としてだけ生きるのではなく、自分の存在が誰かの支えになる時期がくること、これまでに背負った余りある苦難を分かち合える相手に出会えることを心から願っています。そして、子どもたちがこの先、労《いたわ》られ、尊重される社会になるよう、大人の1人として自分にできることをしていくつもりです。

2020年2月

琉球新報編集局　「彷徨う」取材班　新垣 梨沙

琉球新報取材班

稲福政俊（いなふく・まさとし）

2005年入社。社会部、八重山支局長、整理部ニュース編成センターなどを経て、現・文化部教育班キャップ。社会部記者時代に「子どもの貧困」問題取材班として貧困問題にじっくり向き合ってきた

池田哲平（いけだ・てっぺい）

2008年入社。写真部、中部報道部、東京報道部などを経て現・社会部所属。同部厚生担当記者時代に、子どもの貧困問題に関心を持つ

新垣梨沙（あらかき・りさ）

2002年入社。南部報道部、社会部、文化部、運動部などを経て現・NIE推進室所属。「子どもの貧困」問題取材班。15年から県内の児童虐待問題について取材している

中川大祐（なかがわ・だいすけ）

2019年3月まで写真映像部カメラマン。現在はフリーランスの写真家として活動。02年から沖縄を取り始め、04年に移住。「彷徨う——少年少女のリアル」の撮影を担当

安里洋輔（あんり・ようすけ）

県外の新聞社勤務を経て2019年入社。同年6月に高校生5人を含む若者らが大麻取締法違反容疑で摘発された事件を受けて連載「薬物禍 危うい少年たち」を担当

小那覇安剛（おなは・やすたけ）

1990年入社。中部報道部長、東京報道部長、文化部長などを経て現・編集局次長兼社会部長。「彷徨う——少年少女のリアル」「薬物禍 危うい少年たち」のデスクを担当

夜を彷徨う

貧困と暴力　沖縄の少年・少女たちのいま

2020年3月30日　第1刷発行

著　者　琉球新報取材班
発行者　三宮博信
発行所　朝日新聞出版
〒一〇四-八〇一一　東京都中央区築地五-三-二
電話　〇三-五五四一-八八一四（編集）
〇三-五五四〇-七七九三（販売）

印刷製本　大日本印刷株式会社

ISBN978-4-02-331867-0
定価はカバーに表示してあります。

落丁・乱丁の場合は
弊社業務部（電話〇三-五五四〇-七八〇〇）へご連絡ください。
送料弊社負担にてお取り替えいたします。

装幀　水野哲也（Watermark）
写真　琉球新報社